陪伴孩子
写作业，
也是一种幸福

蒋燕燕　刘　嘉　著

SPM
南方传媒

广东人民出版社
·广州·

图书在版编目（CIP）数据

陪伴孩子写作业，也是一种幸福 / 蒋燕燕, 刘嘉著.

广州：广东人民出版社, 2024. 8. -- ISBN 978-7-218-18031-1

Ⅰ. G782

中国国家版本馆CIP数据核字第2024J6A456号

PEIBAN HAIZI XIE ZUOYE，YE SHI YI ZHONG XINGFU

陪伴孩子写作业，也是一种幸福

蒋燕燕　刘　嘉　著

出 版 人：肖风华

组稿策划：尚册文化
责任编辑：汪　泉　李幼萍
封面设计：奔流文化
责任技编：吴彦斌

出版发行　广东人民出版社
地　　　址：广州市越秀区大沙头四马路10号（邮政编码：510199）
电　　　话：（020）85716809（总编室）
传　　　真：（020）83289585
网　　　址：http://www.gdpph.com
印　　　刷：佛山市迎高彩印有限公司
开　　　本：787mm×1092mm　1/32
印　　　张：3.5　字　　数：80千
版　　　次：2024年8月第1版
印　　　次：2024年8月第1次印刷
定　　　价：38.00元

如发现印装质量问题，影响阅读，请与出版社（020-85716849）联系调换。
售书热线：（020）87716172

序 言

如果能得到你的微笑

在这本书里，作者写了很多次的微笑，文中这位老师的微笑给我留下了深刻的印象。

面对对一门课程不太擅长、学起来又吃力，呼呼地喘着粗气，嘴里不停地抱怨，时不时说一句"哎呀！这个太难了！我不会呀！"的孩子，这位老师抬起头，微笑着对他说："很多事情没有你想象的那么难的，这样吧，我们先完成你会的题目。"

面对一个作业写了四遍还是错，变得不耐烦的孩子，这位老师微笑了，反问孩子："为什么写了四遍还是有错呢？你说说是什么原因？"

面对一个撒谎说自己作业做完了的孩子，这位老师提醒他后，微笑了。

面对一个二年级的小男孩考到了复习过的内容，因此非常敬佩老师的时候，这位老师微笑了。

面对孩子看足球赛时间的选择问题，这位妈妈（也是老师）微笑着选择了葡萄牙队，因为这个队有着一股不屈不挠的拼搏精神。

面对家长片面埋怨孩子总是错、一错再错时，这位老师微笑着纠正：是一两次错，不是总是错。

当"我"的朋友并不认同她先生教育的观点，认为总是对孩子和和气气的会失去家长威严时，这位老师微笑着问她："但是，就昨晚来说，显然是爸爸的方法比较有效果，不是吗？"

在这本书中，可以随时看到"微笑"这个词。最好的陪伴是微笑，不论是家长，还是老师；最好的人际交往也是微笑，微笑是教养，微笑是化干戈为玉帛，微笑是春风化雨。尤其在面对孩子时，我们欠了他们很多微笑。

如果孩子能得到你的微笑，足矣。

（汪泉，副编审、中国作家协会会员、小说作家、广东省传记文学学会副会长）

序 言

　　这是一本当代教育日记，它记录了大量小学生在学习中的困惑、问题和烦恼，真实地再现了当代小学生面对繁复的教学内容、沉重的学习压力、复杂的教育背景时所表现出的浮躁、厌烦情绪。当整个社会在关注成绩与学业成功的时候，笔者却让我们看到了人，看到了孩子们的挣扎，看到了大背景下家庭教育和学校教育的偏失。

　　笔者的观察是细致而睿智的。她们是两位长年从事教育工作的老师，但又不是只沉浸于校园教学，她们穿行于社会和校园两端，对孩子问题的观察是理性的、开阔的、敏锐的。她们能从多角度、全方位深入探究孩子在学习中出现的问题其背后更复杂的原因。

　　笔者的眼里有人，心里有爱。从日记大量细节描写及深入思考中可以看到，笔者热爱教育，尊重受教育的对象，爱每一个辅导的对象，所以能真切感受到孩子们的细微情感和点滴变化。最可贵的是她们能捕捉到每个孩子的心理特征并因材施教。这大大弥补了孩子们在学校教育中的不足和缺陷，让他们得到更温暖的师爱、更精准的课业辅导。无论是一道数学题还是一篇作文，笔者带给孩子的都是一片光，而非仅仅是一个答案。

　　笔者对教育问题的思考是有担当的，是有大局意识的，是有智慧的。透过一篇篇日记可以发现，笔者是勤于学习并乐于深刻思考，目光敏锐，视角独特，对教育问题、家庭问题、社会背景有深度观察和思考的人，也是对人生有阅历有思考的人。她们有广阔的教育情怀，她们关注的是成绩背后有灵有肉的活泼的孩子；她们有丰富的个体辅导的经验，她们有稳定的情绪，所以她们能走到孩子的心里，让孩子在耳濡目染中进步。

这本日记给许多家庭提供了可参考的教育教学经验。这一篇篇日记，也提醒我们的家长以及教育工作者，教育的根基是对人的关注，要关注每一个受教育者的现在、未来，关注每一个孩子的精神需求和心理成长，他们未必个个成大才，但期他们个个成人。唯有如此，我们的教育才真正有意义！

（潘小瑛，天水市第六中学高级教师、天水市"园丁奖"获得者、甘肃省青年教学能手）

2020年
10月

12

　　今天是星期一，是老师比较有压力的一天。以前在学校教书的时候，我发现每个星期一孩子们的状态都不是很好，这大概是与周末放松状态有关吧。有的孩子们反应比较慢，有的注意力不够集中，也有的做作业速度比较慢。

　　今天我要讲述的是一个一年级孩子的事情。他最近被老师频繁批评，上课注意力不够集中，写字速度慢，这段时间他妈妈辅导他作业的时候也被气得身体出现了点状况，于是他就被送到我这里来参加晚间辅导。我看了他妈妈发过来的作业，其中一项他学校老师注明在学校已经辅导孩子完成了，让家长检查一下。语文四页练习册，他有近四分之一没有完成，有些完成的质量也不高，书写不规范，拼音在四线格写错位置的也有。我让他擦掉重新写，结果写出来的还是错的。又一次擦掉，我给他示范了正确的写法，结果他还是写错了。很多父母在教孩子写作业时，也会经常遇到这种情况，孩子写作业不用心，连把生字抄写下来都会错。站在大人的思维角度，会觉得这种事情难以理解，可事实上，很多孩子都会犯这样的错误。究其原因，多是注意力不集中，思维还没有进入学习模式，只是我们让他们"进入"学习模式而已，所以，尽管我们看着孩子是坐在那里在写作业，但实际上孩子的大脑并没有进入思考模式。看着眼前的这个小男孩，我缓和了一下自己的情绪，在练习册上挑了一道最简单的题让他做，结果他做对了，我竖起大拇指，用比较夸张的语气夸赞他："天啦！这个题好难哦，你竟然做出来了，你真聪明！我为你感到自豪！"小男孩似乎还没有反应过来发生了什么事。是的，对于一个在学校经常被批评、被老师投诉又让父母烦恼的孩子来说，夸赞成了稀缺的东西。此刻，他的眼神闪了一下，脸上露出了一丝笑意，他调整了一下自己的坐姿，重新握了握笔，我看他自己调整好了学习状态，就继续让他做简单的题。接着，他做作业的速度开始快了起来。后面剩了三道比较难的题目，他看了看，想了想，不会。他摇摇头，说："我不会做。"说完他的眼睛开始脱离课桌，东看看西眺眺，身子也开始往后靠，笔也从手里掉下来了。

"这道题看似很难，实际上我们如果读懂题目的意思，也没有我们想象的那么难的。"我尝试着鼓励他。

结果，他的眼睛还是不看练习册，身子还开始晃起来了，我也有点火。又一次，我深呼吸了一下，脸上挤出笑容，提醒他握好笔，摸了摸他的头，温和地说："我们一起来读一下这道题的题目吧！"

虽然他开始看题目了，但是还是不情愿。考虑到一年级的孩子认字不多，所以很多题目都带有拼音。可是，有的孩子虽然不认识很多字，但是他们也不愿意一个一个去拼出字来，这也是家长们经常说的"不够聪明还很懒惰"的一个反映。这也是很多家长经常会对孩子发火的一个聚焦点。

我改革了一下拼拼音的方法，课本是要求先拼声母再拼韵母，我让孩子先认韵母，再判断韵母有几声，最后才和声母一起拼。这个学拼音的方法对一年级孩子很实用，效果不错。眼前的这个小男孩，之前我也曾把这个方法教给他，他也拼得不错，此刻，他似乎忘了我教的方法，直接从声母开始拼，结果拼出来的都是错的。我再次提醒他先认韵母，再拼带声调的韵母，然后和声母一起拼。显然，这和学校所教的不同的拼音方法让他的大脑还没有适应过来。更为重要的是，很多孩子从小已经习惯了接受和被教育，我们留给他们独立思考的空间和时间太少了。当一个知识点能通过两种甚至更多方法去加以学习掌握，而这些方法又不是他们自己的思维结果时，大脑就会出现暂时的混乱。想起这一点，我让他拼，他还是用他的方法拼，结果还是错的。我笑了笑："还是错了哦！"我问他："想想办法，怎么才能拼对呢？如果你想出了办法而且拼对了，我送你一个小礼物。"听到有礼物，他的眼神顿时有了光彩，身板再一次坐直了，笔也握好了，不用我提醒，他自己开始看题目了，这时，他才想起我教的方法。果然，他一个又一个都拼对了，虽然他拼得很慢很慢，我还是努力克制自己不要催促他。给他时间，让他的大脑慢慢思考，思考用什么方法去解决问题。很多父母在辅导孩子写作业时，面对孩子不会的题目都是单刀直入，自己精彩地讲了半天，以为孩子听懂了，结果很遗憾，孩子还是不会，这种情况让父母很烦恼也很焦虑。后果很严重，父母再也沉不住心中的怒火了，如火山一样喷发而出，胆怯的孩子不敢和父母吵，只有默默承受这一切，性格急躁的孩子则直接和父母也吵起来，更有甚者，连作业也不做了。

是什么原因导致这一切呢？就是我们在教孩子的时候没有做到两方面的降维：第一是思维方面的降维，大人觉得简单的东西孩子未必觉得简单，因为大人用自己固有的知识给孩子讲解新版本教材的知识点时，没有从孩子的思维方式入手。第二是心理方面的降维，我们给孩子讲课都是高高在上，像极了领导给下属传达任务，讲完了还不忘补充一句："以后就是这样做，听我的准没错。"这样孩子不但在思维上和父母同步不了，而且在心理上也会有落差。我们再看看这个小男孩，正是因为他心理上比较怕困难，不敢直面困难，也没有去解决困难的想法，所以我们大人要在心理上降维，感同身受，理解他，接纳他，相信他，鼓励他。我提出奖励小礼物给他，也是考虑到激发他的兴趣以及战胜困难的决心。当然，这种奖励方法不能频繁使用，要恰到好处。我们需要给孩子提供一种体验，就是可以战胜困难的体验。

最后，小男孩慢慢拼出了题目的要求，也做对了题。之后，他挑了一个"奥特曼"的礼物，高兴地回家了。

　　今天要讲述的是习惯养成的重要性。我从一个三年级的小男孩的作业说起。晚上，其他孩子早早做完作业已经回家了，已经九点半了，只剩一个三年级的小男孩还在奋笔疾书写作业。我看了看他的作业，数学课本上有两页题目要做，他在那里苦思冥想，我提醒他拿出草稿纸来列竖式，因为我已经发现他有几道题因没有进位或者退位而导致错误的。结果，这个小男孩很固执，对于我的提醒置之不理，仍然在那里心算。我看到这种情况没有再说什么，等他做完两页题目，我给他批改，几乎错了四分之三。我让他自己看，也平静地批评了他，他低下头，马上从书包里拿出草稿纸，在草稿纸上列竖式，思路更清晰，哪里该进位哪里该退位，他都清楚了，准确率也高了很多。

　　改完了数学作业，他的语文作业是要求写字教材完成两页，结果他从左边抄到右边的生字也错了好几个。有些学生的情况和他是一样的，就是粗心，从课本上或者从试卷上抄数字都会出错，家长们难以理解：孩子们怎么会这么粗心？但实际上他们真的就是会这么粗心，而这个粗心的根源就是孩子们没有养成良好的思维习惯。即使是抄生字，他们过眼不过脑，就是眼睛扫一遍，并没有把这个生字的结构在大脑中留痕迹。我们的大脑分为左半球和右半球，右半球是负责图片、色彩、空间、想象之类的工作的，左半球则负责文字、数字、逻辑之类的工作。在学习中，我们的孩子没用大脑给生字"拍照"，所以虽然眼睛在看，但大脑里没有任何印象。对于这种情况，我们平时要引导孩子学会观察，看看那些要写的字是什么结构，读什么音，和什么有关，意思是什么，通过深入了解和思考，这个字在大脑里的印象就会变得深刻，不会那么容易忘记了。

这个三年级的小男孩在作业中出现的问题，是他在学习中出现的问题的集中反映。不论是数学或者是语文，他都出现了思维不清的问题，也没有养成仔细观察、有序运算的好习惯。之后我和他的母亲聊了一下孩子的情况。他的妈妈说孩子在学校由于不注意听课经常被老师投诉，回到家做作业时也不认真，不但粗心还注意力不集中，除非她发火，孩子才会好两天，但后面又会出现之前的情况，孩子就这样反反复复，问题总也解决不了。这位妈妈还诉说了她一个人独自带孩子的艰辛，孩子的爸爸常年在外工作，她一个人带两个孩子，为了让自己有事做，不致抑郁，她在一家工厂做零工，她还指责孩子没有感恩的心，不知道她有多辛苦。这个小男孩无论是在学习还是生活方面出现的问题都具有普遍性。十几年来我接触了很多这样的孩子，大多数情况是母亲负责孩子的教育；为了生计父亲在孩子的成长过程中基本是缺失的，如果孩子在学习、生活中比较独立、懂事，妈妈们就会得到安慰，反之，则她们经常会出现情绪失控、焦虑甚至怀疑自己的情况。紧接着，这位妈妈又讲了她的大儿子，她说两个孩子都是用同一种方法教，对大儿子就有用，对小儿子没用，这让她很疑惑，认为这个小儿子太不听话了。现在不少家庭有两个甚至两个以上的孩子，对孩子的教育很多父母认为总结出一套万能公式就可以高枕无忧了，殊不知"龙生九子，各有不同"，如果一种教育方法便适用于所有孩子，那教育就变得简单多了。教育的难点在于教育的对象是有思维、会变化的灵活的人，不是像制造一个物体或者一个产品那样可以用标准化流程进行的。孩子本身当然有问题，比如没有养成计算列竖式的习惯，这本来是小学二年级时该养成的习惯。做作业时需要集中注意力，这是从一年级起便要养成的习惯。这些习惯的养成不是光靠嘴上讲道理就能实现的，需要跟踪和坚持。这位妈妈似乎还意识不到问题的核心在哪里，我提醒她教育孩子分几个方面，知识层面的思维需要引导、跟踪和坚持，习惯方面需要严格的要求与坚持，认知方面需要身体力行去做、去体验才会有感受。比如孩子读一年级时，需要父母坐在他们身边，一点一点指导他们学会读题目、思考题目要求，书写也需要规范；二年级的时候父母要在离他们一米远的地方，开始让他们独立完成作业，这时也不能放手不管，还是需要巩固习惯的养成；三年级时可以让他在书房独立完成作业，规划好时间，既要速度快也要有质量，争取做到高效完成作业。很显然，这个三年级小男孩的妈妈还在用教一年级孩子的方法教他，使得孩子错过了养成独立自主完成作业的最佳时间，不但如此，还令孩子从心理上产生了一种依赖性，母亲不监督，他就无法完成作业。还有孩子对父母的付出的认知问题，我见过很多父母都抱怨孩子不知感恩，其实这也和父母自身有关。我见过一个家长，给我印象很深刻，她有四个孩子，自身工作很忙，但孩子们很懂事。这位妈妈每天回家会简单和孩子们沟通，首先她会把她的工作记录本拿出来给孩子们看看，让孩子们知道她每天从早到晚在忙碌什么，甚至有时候她中午忙得只扒拉了几口快餐也会讲给孩子们听。家里的家务活都是大家一起分担去完成的。她先生在外地工作，有一次她因工作太劳累晕倒在家里，孩子们打了120送她去医院，到了医院，孩子们拉着她的手说："妈妈，你辛苦了。你养育我们长大，我们就像四棵小树，现在我们长大了，我们要把你围起来，让你在我们的树荫下乘凉。"短短数语，让这位驰骋商界的女强人流下了感动的泪水。有些家长反映孩子不懂事，问题的关键是孩子看不到你辛苦的身影，他们也没有参与到劳动中去体验，光靠说教，是入不了孩子们的心里的。

后来，这个小男孩的妈妈提出她想自己回家去教，我给了她建议去考虑。父母对孩子的教材不熟悉、对孩子的心理状况摸不清，自己又难以做到思维和心理两方面的隔离，这样要教育好一个孩子是有难度的；她认为我们是专业的，把孩子送到我这里来还不到一个月就想看到孩子很大的转变，这也是不现实的，养成一个坏习惯用了五年时间，却期望用一个月便能改掉这个坏习惯，这种思维本身就是不科学的。我们知道曾国藩是中国近代史上了不起的人物，他戒烟就用了十一年的时间。唯有认清自然规律，我们才有机会引导好孩子。

　　这几天事情比较多，很多孩子进入了月考和期中考试。一边忙着给孩子们复习一边和家长沟通，不知不觉几天时间过去了。

　　这几天让我印象最深刻的是一个五年级的女孩。她聪明可爱、机智灵活，浑身散发着一种灵气。她对周围的感知力要比其他孩子灵敏一些。前天，她刚考完月考，成绩出来了，很不理想。

　　数学有近10分的计算失误，作文写离题了，主题不明确、表达不流畅。之前小女孩的妈妈给我讲过一件让她苦恼的事情，就是这个女孩喜欢上了一个学霸。这个学霸多才多艺，成绩也不错，小女孩还在自己的小本子上表达了对这个学霸男孩的爱慕之心。这点让小女孩的父母很担心，也很焦虑。当孩子的妈妈给我发微信商量怎么解决这个问题的时候，我已经觉察到了她的担心。一般情况下，不是突发或危害到孩子身心健康的事情，我都会极力抚慰家长的情绪，因为家长的情绪会影响解决问题的效果。生活中很多问题产生不良或者极其恶劣的结果时，不是事情本身必然导致的结果，而是处理问题的当事人情绪失控让事情变得更糟糕，从而产生了不好的结果。记得有一次，一个初中的孩子因为沉迷游戏，父母很着急，也很生气，就没收了孩子的手机，还忍不住痛骂了孩子。结果孩子跑到阳台上要跳楼，妈妈又着急又生气，扬言也要跳楼。她给我打电话的时候，我说："你不要跟着孩子凑热闹，听我说，任何事情都有解决办法，我们现在需要冷静。只有你冷静下来了，孩子才会冷静。"这样的事例发生过多次，我经历了很多孩子和父母的激烈冲突，这个放在下次再讲。现在我们回归到这个小女孩身上来。

晚上，等她写完作业，我和她一起分析了她考试不理想的原因。从两个大方面来分析：第一，知识层面。在答题的时候哪些知识点是模糊的，哪些是不会的，这些问题要找出来。找出了问题还要分析造成这些问题的原因是什么，比如：上课是否有认真听课？是否存在假懂的情况？什么是假懂？这是个比较普遍的情况，就是我们的老师在上面讲的时候，学生好像听得懂、听得明白，但在下面做题或者写作业的时候不会了，这就是假懂。这个问题在小学到高中的学生中普遍存在。造成假懂情况的很重要的一个原因就是老师在讲课的时候学生是被动听课的，而不是主动思考的。是老师把自己的思路和方法告诉给学生，而不是学生主动思考为什么是这样，学生接受的是"是什么"，而不是"为什么"，所以，当题目发生一点点变化的时候就不会了，用通俗的话来讲，同样一个知识点，题目表述方式不同就不会做了。第二，心理层面。在考试的时候是否做到专注？当我们的思维比较专注的时候，问题就会聚焦，聚焦的结果是大脑会有比较严密的系统性思维。比如说做数学应用题，首先判断题目问的是什么，然后思考与之相关的知识点，用什么方法，需要什么条件解决问题等等。当孩子的注意力不聚焦的时候，思维就不严密，容易出错。分析完试卷，我开始和她聊她的情感问题。

由于我们平时有沟通，彼此有良好的信任，所以话题很容易打开。小女孩告诉我她班上很多女孩都喜欢这个学霸男孩，我问她："难道就因为很多女孩喜欢他，你也要喜欢吗？"她反问我："为什么不能呢？"我笑了笑，对她说："我们一生都在追求自己喜欢的。上幼儿园的时候你喜欢的小男孩肯定和现在喜欢的男孩不是同一个人，你现在喜欢的也未必是你将来喜欢的，实际上也不能说是喜欢，而是一种对优秀的人的欣赏。欣赏可以，学习他人的优点这是很好的品性，但欣赏变成爱慕，是会分心的。我们可以先做好自己的事情，让自己也优秀起来，这样你会更了解自己，也会更明白自己真正喜欢的是什么。"说完这些，我知道她不一定明白，但她一定会慢慢明白的。

小女孩的这种想法在我们的生活中很普遍。美国心理学家赫尔曼·威特金提出过这样两个概念：场独立型人和场依存型人。场独立型人自信、自尊心强，喜欢个人钻研、独立思考和学习，不易受到暗示。而场依存型人难以摆脱环境因素的影响，容易受他人态度和观点的影响，容易被暗示。记得我在读大学的时候也遇到过这样的情况，有的女孩子长得漂亮，很容易吸引男生的注意力，自然有很多人追求，但另一些女孩子也想证明自己有这样的魅力，她们认为作为一个女孩没有被男孩追求就意味着自己不漂亮或者是没有魅力，所以一旦有一个男孩对这样的女孩表示了一点好感，她自己就会误以为这个男孩喜欢她。那么，如何让我们的孩子甚至是我们家长摆脱环境因素的影响而做出理性的思考和判断呢？首先，我们要清楚认识到自己容易被人影响这种状态，当这种状态出现时要保持理性。其次，学会倾听自己内心的声音。你原来可能是一个没有自我的人，"没有自我"的意思是，遇到事情的时候，你不愿倾听自己内心的声音，而是把别人怎么说、别人怎么看当成你第一重要的事情。这就导致了你的内心是空的，别人填进去什么，你就是什么。我们的家长太会讲道理，总是想把自己的想法全塞进孩子的大脑，唯独没有想过让孩子自己思考判断，让孩子自己去感受——遇到一件事情是欣喜、是恐惧、是自责、是愤怒、是嫉妒还是难过？这些感受只要是真实的，它就是内心的声音。多觉察，多挖掘，我们就有机会发现：原来我真正想要的是这个。最后，提升自己的认知。很多时候我们之所以会不知所措，是因为在一些问题上没有自己的想法，不知道该怎么判断，是因为我们积累的经验、知识和认知不够。你懂得越多，被别人影响的程度就会越小。

今天来了两个家长，和我聊孩子的教育问题。她们的孩子跟我学作文，目前在上二年级。二年级的看图写话是为三年级的作文打基础，要求语句通顺、会使用常用的标点符号、有顺序地观察图片内容，并有条理地写下来，还要有合理的想象。两个孩子学得还不错，基本上达到了二年级上册看图写话的要求。

然而，两位妈妈反映的问题引起了我的思考。其中一个女孩在这一单元的考试中看图写话得了满分，另一个则被扣了5分（看图写话满分是10分）。她们在讨论到底是满分孩子的老师太松懈，还是被扣了5分孩子的老师太严格。

我首先问了后者的妈妈："班里整体情况怎么样？有没有满分或者只扣了1分、2分的同学？"

那位妈妈说："几乎都是扣4分、5分。"

我了解了大致情况，提醒她们下次把孩子的试卷上的看图写话内容拍照发给我，我仔细看看哪里还需要调整和提高。

显然，两位妈妈对我的答复还不满意，我也知道她们的想法，很多家长对孩子的评价都是基于老师对孩子的评价。我笑着说："很多父母听到孩子被老师表扬能高兴好几天，甚至马上带孩子出去吃饭庆祝或者买礼物赠送。可是，一旦听到孩子被老师点名批评了或者考试落后于其他人，孩子回家后被批评算是轻的了，更严重的被揍一顿也是常有的事情。"两位妈妈笑了笑，其中一位说她的孩子在学校没有被老师投诉过，另一位妈妈说这种情况很难摆脱。我承认，这位妈妈说了大实话。

我以前也曾在学校任职老师兼班主任，我深知现在家长对孩子的一举一动都非常敏感，所以有些孩子犯了孩子们都会犯的错误时，我能很好地引导他们去改正错误，而孩子们之后也不曾再犯类似的错误，我也就不会再告诉家长，这些都会成为我和孩子们的记忆，也许，我们最后连这些也会忘记，这很正常。但如果孩子的某些行为需要引起家长注意或者需要家长配合予以纠正，我会单独请家长抽空过来单独聊一下孩子的情况。作为一名老师，对孩子的评价一定要慎之又慎，我见过有个别老师见孩子考不好，拖低了班级的分数，竟让家长带孩子去医院检查孩子的智商。也许这是一句没有任何依据的随口一说的话，但对孩子和家长来说无疑是一种伤害，这种伤害比责骂更为严重。教育的难点和有趣的一点是我们教育的对象是有生命、灵活、善于变化的个体，一种教育方法并不适用于所有的孩子，所以，我们要对我们教育的个体进行仔细甄别，通过他们的行为去判断他们思考问题的方式，他们不同的性格对行为产生的影响，心理的变化对问题的解决产生的影响等等。比较有经验或者擅长心理学的老师一般对学生都是以鼓励为主而不是批评。孩子在未成年之前，心理的耐挫力会较弱一些，思考问题也不是很全面，所以我们要善用夸奖和鼓励。批评孩子要用电话，要小声，而表扬孩子要用喇叭，要大声。因为，孩子因鼓励而改正错误的要比因被批评而改正的多很多。

而作为家长，面对老师对孩子的各种评价，该怎么做呢？我的主张是有则改之，无则加勉。但是，这有一个前提条件，那就是家长必须具备理性思考的能力和分析是非的能力。这个说起来简单，实践起来还是有一定的难度的。我记得之前教过的一个学生，今年已经考上大学了，还不错，是重本法学专业。他是个男孩，当年在读一二年级的时候，他的老师经常向他的父母投诉他，说孩子反应慢、智力水平低，让父母不要忙于生意而不管孩子的教育。老师的投诉让这位妈妈焦虑了很长时间，她不停地给我打电话问孩子的情况，我安慰她不用太担心，每个孩子的启蒙时间是不同的，我们需要给孩子一点时间。投诉孩子的老师是语文老师兼班主任，在这孩子上二年级时投诉了很多次，但这位孩子的妈妈很了不起，她有自己的判断，后来面对老师的反映这位妈妈只是很客气地听老师讲，她也没有把这些告诉孩子，并鼓励孩子一点一点取得进步。就这样熬过了一年，孩子读三年级了，教语文的老师还是那个老师，但孩子已经不是之前的那个孩子了。孩子开悟了，第一单元的语文就考了全班第一，开完家长会，孩子的父母和我聊起家长会情况，说这位老师在家长会上不停表扬这个孩子如何聪明、如何勤奋，似乎她忘了之前对孩子的评价了。我觉得这个孩子是幸运的，因为他的父母是有思考力和判断力并富有智慧的。

但是，另外一个孩子就没有这么幸运了。其父母同样接到了老师的投诉电话，表示对孩子的学习能力有所担心和怀疑，父母都是事业比较成功的企业家，接受不了自己的孩子在班级成绩落后的现状，于是，两夫妻轮番上阵对孩子进行严管。每天晚上坐在孩子身边，提出一系列的要求，孩子稍有错误就严格批评或者惩罚，因孩子年龄比较小，他不懂得去沟通或者反抗，只有默默承受，但时间久了他对父母的要求不再上心了，任由他们说，犯过的错误还是不改，一次又一次、反反复复。就这样，孩子的妈妈感到身心疲惫，也焦虑不安。在我看来，可怜的是孩子。不可否认，孩子的父母是疼爱他的，否则也不会花那么多的时间和精力。但问题出在哪里呢？就是我们太喜欢把孩子和自己的面子捆绑在一起了，孩子得到别人的认可和赞许，我们就引以为豪，反之，我们会觉得孩子似乎丢了自己的脸。我们忘了我们的老祖宗给我们留下来的智慧："物有本末，事有始终。"我们的孩子在认识这个世界的时候他们的感受力、思考力是不同的，有的孩子会快一点，有的孩子慢一点，但是，我们没有根据孩子的实际情况因人制宜，却是一刀切，拔苗助长的结果是苗不会长得更健康。

希望更多的老师在对孩子进行评价时慎之又慎，家长们教育孩子时要以孩子的实际情况为出发点，需要孩子改正或者调整的要积极配合老师；认为需要给孩子一点时间的，不要着急。有了健康的身心，孩子们会更有兴趣去学习。

2020 年
10 月

22

星期四 | 天气：晴

　　一连几天都阳光明媚，很热，但早晚就比较凉快了。晚上，那个一年级的小男孩是我教导的主要对象。之前我在日记里提到过他，今日重提我是怀着惊喜之情的。

　　记得前几日小男孩的妈妈送他过来的时候显得非常焦虑，因为孩子的老师经常打电话给她，说孩子在课堂上注意力不集中，考试成绩不理想等等。在我教这个孩子时，发现他老师反映的情况基本属实，确实是孩子注意力不集中，知识掌握得也不扎实。为了解决他的注意力问题，我建议孩子的妈妈让孩子学习专注力课程，这个课程也是我负责教的。在上专注力课程的时候我发现这个小男孩的右脑比较发达，他的想象力、色彩构图能力都比较强，画画不错。但是他的左脑，尤其是对数学逻辑之类的东西，学习比较缓慢，不是很理想。根据他的这一情况，我想利用他右脑的优势来刺激他的左脑。

　　首先，我想到的是他在记忆故事或者背诵课文时用时较长。我充分利用了课本里图画背景的功能，和他一起读文字的时候把文字和图画结合起来，引导他在大脑里产生画面，根据大脑的画面再说出文字来。今晚用这个方法背诵《小小的船》，对于识字比较困难的他来说，取得了比较好的效果，以前要用半个小时以上才能读熟课文，现在可以缩短一半的时间了，学习变得高效起来。这一点就是教学中的大脑神经学。

　　老师在教学中花时间最多的就是教育学，就是研究课本，研究知识，研究知识点，唯独研究学生花的时间不多，而学生才是学习的主体，他们的大脑、心理对学习有着很大的影响，我们想要提高教学质量，要把大脑神经学、心理学、教育学这三者结合起来。

　　在小男孩的作业辅导中，由于我借助了他右脑的优势，他变得很喜欢背诵课文了，又因为他觉得自己背诵课文比较快，在学习上找到了一点乐趣和自信，这一点对学生来说是非常重要的。每个人的大脑有一个大脑兴奋灶，当我们对喜欢的事情发生兴趣的时候，大脑兴奋灶就会像灯一样亮起来，越感兴趣，亮的区域越多。反之，对不喜欢的事情大脑的那块区域是暗的、没有光的。所以，经常有心理学家和神经学家提出要让孩子快乐学习，就是基于这个道理的。当孩子的学习兴趣被激发时，大脑神经处于比较活跃的状态，反应能力比较快，思维灵活度比较高，孩子情绪良好，大脑分泌的多巴胺也会异常多一些，心理上也会产生愉悦感，此时，身心会处于一种快乐、自信、幸福的状态，这是一种健康的状态。相反，如果孩子处于一种压抑、焦虑、讨厌的情绪中，大脑神经是紧张的呆滞状态，思维就像阻塞了的交通，不灵活，心理也处于痛苦状态，这样，孩子不但学习效果差，还增加了沉重的心理负担。这种情况如果得不到解决，长此以往，孩子会产生厌学心理。这一点在这个小男孩身上表现得比较明显。每次考完试，当他考得不理想，实际上是不及格的时候，学校老师就严厉地批评他，然后打电话给家长投诉他，家长看到成绩也觉得上火，听到老师对孩子的投诉，心理上就会觉得似乎是在批评他自己，于是对孩子的评估失去了理性。被批评多了的小男孩写作业时也打不起精神，甚至平时会做的题也好像不会了，好像是有什么东西阻塞了他的大脑，他的注意力更加不集中了，他对学习根本就没有了兴趣。

这种时好时坏的情况不断反复出现，我知道解决问题的根本是要让他体验到学习的快乐。之前利用他的右脑比较灵活的特点，他背诵课文取得了很大进步，这点给了他许多自信。接下来，我找了一些有趣的图片，让他猜，然后配了拼音，他本来不习惯也不喜欢拼拼音的，但因为对图片的喜欢，产生了一些兴趣，开始拼读拼音了。今天他拿回来一张试卷，终于做完了，也取得了一点进步。他晚上做作业的时候注意力很集中，也认真了许多。我猜应该是老师表扬了他，我问了小男孩，他点点头。每个孩子都希望自己被认可，他们本来也是对学习有兴趣的，只是我们没有科学地引导或者教育他们，使得他们对学习失去了信心，没有了兴趣，这对孩子来说是一场灾难。

所以，科学教育孩子，要结合大脑神经学、教育心理学和教育学，我们要从多个维度去引导孩子，不要简单粗暴地只从学习成绩去评价孩子。

今天，我们教育故事里的主人公是一个五年级的男孩。这个孩子刚来的时候他妈妈告诉我他曾经在另一个辅导班和老师发生过争执。他妈妈给我反映说这个孩子比较急躁，英语成绩很不好，考了35分。我听了之后有点惊讶，五年级的孩子英语考了35分，而且和老师直接吵起来，这两条信息就已经明确告诉我教导这个孩子是有一定难度的。

谨慎起见，我和这位孩子的妈妈商量可以先让这个孩子适应几天，互相了解一下再决定是否在这里学习。第一天，这个孩子进来后我问了几个问题，我发现这个孩子还没有听清楚我问的问题就着急回答了，看来，他妈妈反映的孩子急躁的问题是存在的。因为是星期五，他还要去学街舞，不一会儿他就背着书包从三楼下来了，他一个招呼也不打，直接说："给我20块钱，我去吃饭。"

"你的作业做完了吗？"我问他。

"快点给我20块钱，我吃了饭要去上街舞课。"他压根不理我说什么。

"好的，你稍等一下，我问问你妈妈是怎么安排的。"随后我拨通了他妈妈的电话，他妈妈说忘了给他钱，让我借20块钱给孩子吃个快餐，然后他就要去学街舞了。

随后，我拿了20块钱给他，他一把抓过去，也没有说谢谢，头也不回就出去了。

第二天，当他在教室里上课的时候，他总是给我讲哪个同学吵他了。当我了解情况的时候，很多同学一致反映，其实是他吵到了其他同学。当他做作业的时候，如果有不会的问题，他不举手，他会大声喊："老师，这个我不会。怎么做？"尽管我多次提醒他，有问题要举手提问，我会过去指导他，可即使这样，他还是经常忘记。我们在教育孩子时，会经常犯一个错误，就是我们认为自己已经给孩子讲了好几次，他应该能听懂并且按照我们的要求去做，可往往事与愿违。甚至有的父母通过打骂的方式去教育孩子，不但没有达到预期的效果，反而使亲子关系更加紧张。

对待这一类型的孩子，需要我们长期的耐心，所谓"润物细无声"。我给他辅导英语的时候，他有点反感，甚至不停地叹气或者直接表述他不想学英语。其实，他的英语通过一段时间的学习，已经有了很大的进步，从原来的35分考到了80多分。虽然有了成功的体验，但他学习英语的乐趣并没有持续多久。对很多孩子而言，一门他不太擅长而又学起来吃力的课程，要让他变得喜欢是一个长期而又艰难的过程。

看着他呼呼地喘着粗气，嘴里不停地抱怨，时不时说一句："哎呀！这个太难了！我不会呀！"我抬起头，微笑着对他说："很多事情没有你想象的那么难的，这样吧，我们先完成你会的题目。"我并没有征求他的同意，而是向他婉转地表达了我的建议和要求。等他把会做的题目做完了，我拿过来一看，还不错哦，都做对了！我鼓励了他，但显然，他对我的鼓励也没有太大的兴趣。接下来开始做比较难的题目了，他的情绪再次激动起来，我让他到我身边，我用比较温和的语气给他讲解题目，他是一个比较聪明的孩子，很快就能听懂。我讲了一半题目，鼓励他自己独立完成剩下的一半。这时候，他停止了抱怨，认真地做起来了。

其实，不只是他一个，很多孩子也会出现这样的情况。当他们面对一门不太擅长的课程时，会有比较抵触和排斥的心理。他们没有我们想象的坚强，但是他们需要我们的耐心指导和帮助，而不是指责和谩骂。我们要通过我们的温和与耐心把时间拉长，就像太阳的光芒融化冰雪一样。尽管他们有情绪、闹情绪、抵触、排斥，我们也要鼓励并坚持引导他们迎难而上，去克服那些让他们感到困难或者不想去面对的事情，不只是学习，生活也是如此。

这个男孩做作业速度还是比较快的，在他完成作业后，我会让他去教一年级的小学生。我看到他在教一年级的孩子算"3+2=？"，他让那个小朋友伸出手指，先数出三个手指，再数两个，然后放到一起数数看一共有几个。结果，那个一年级的孩子把5个手指数成了7个，他的声音开始大起来了，但很快地，我看到他深呼吸了一口气，把声音压下来，对一年级的孩子说："你刚才数错了，现在我们重新数一数。"站在旁边的我微微笑了一下，我们经常会告诉孩子不要发火，控制好情绪，但理论上的说教远远比不上现实中的以身作则。

北方已经降雪了，可南方依旧艳阳高照，今天的温度达到了32℃，孩子们都穿短袖衫了。今天是星期五，放学时间会早一点。

今天的主人公还是小学五年级的男孩，是一个聪明而帅气的孩子。刚开学的时候，这个读五年级的孩子注意力有点不集中，总是坐一会儿就从座位上跑出来，东瞧瞧西看看。当同学问老师问题时，他似乎忘了自己在做作业，会打断老师讲题或者抢着去回答本不是他的问题。而他的爷爷奶奶，也会站在窗户外盯着这个孙子看。有一次，这个孩子做完作业，在我办公室喝水时，我问了他几个问题，这时，他爷爷从窗户外看到了，一脸严肃的表情。后来我和他的爷爷奶奶沟通，才知道这个孩子从小基本是爷爷奶奶在照顾、教育。看得出来，这两位老人对孩子的要求很高，不像其他爷爷奶奶对孙子比较宠溺。听完他们对孩子的评价后，我笑了笑，说："好的，你二老的话我记住了，你们的要求我也知道了，后面我会跟进的。"

接下来，我发现这个孩子对学习没有多大的兴趣，当然，这也是当下很多孩子对学习的一种共有的态度吧。我笑着鼓励他："以你的智商，完全可以做个学霸呀！"

"老师，我才不要做学霸呢！做学霸很辛苦的。"

"你说得也对，但是，做学渣更辛苦！"我笑了笑，看着他说。

"为什么做学渣辛苦呢？"他抬起头，疑惑地问。

我喝了口水，继续说："首先，从课堂上来说，你既然打算做一个学渣，注意力就不集中，时间久了，哪怕你打算认真听课估计也听不懂了。其次，学霸做作业速度比较快，因为很多作业他都会做，而学渣做作业的速度很慢，因为有很多题目不懂。最重要的是，学霸的学习能力、思考能力相对学渣来说是比较强的，这也是我们学习过程中要培养的适用一生的能力。"

"老师，真的是这样吗？"他半信半疑地问我。

"你可以体验一下学霸的感受呀！"我摸摸他的头笑着说。

接下来的日子里，他的问题依然存在，做作业的时候依然要提醒他集中注意力，依然要提醒他注意时间、注意书写。

当然，在这期间，他的爷爷奶奶仍然会在某个角落盯着他，他的妈妈也比较频繁地给我发信息，比如说课堂上被老师批评了，哪门课考差了之类的。他妈妈有点焦虑，这也是很多中国孩子被学校老师批评后父母的一种比较普遍的反应吧。而我呢，从这个小男孩的情商角度去宽慰他的妈妈。这个男孩的情商是比较高的，他和同龄人的沟通，甚至和大人的沟通，都是比较愉快舒服的，他总是能看到别人的优点并欣赏他人。

在周末的课堂上，我会设计一些这个男孩比较擅长的题目，比如逻辑推理题目，他的反应比其他人要快很多，从其他同学的欣赏和羡慕的眼神中，我看到他的自豪和自信。

　　这几天冷空气侵袭全国，北方大雪纷飞，南方也是刺骨寒冷。今天有一半的孩子请假没有来上课，对那些能坚持上课的孩子来说，这样的天气也是一种考验。

　　早上上数学课的时候，我让孩子们进行数学计算的演练。用我们这里一个小学霸的话说："如果数学计算不过关，数学考试基本凉凉了！"我重点关注的是一个四年级的女孩子，她看起来文文静静的，但很容易走神，学习的时候经常注意力不够集中。

　　为了从心理上减轻孩子们学习的压力，我一次只布置两道题目，但要求是要全做对。她在做两位数的除法时，会出现时对时错的情况。说她不会吧，她也能做对，说她会吧，又经常出错。我们经常把这种情况称之为"粗心"。每个人都有7%的出错率，那么，如何引导我们的孩子去规避这7%的出错率呢？很多老师和家长选择了大量的习题训练，这个方法简单有效，但是，不见得适用于所有粗心的孩子。我认为思维上的粗心比结果性的粗心更应引起重视。如果做题的时候思维清晰明了，逻辑清楚，计算出了错是可以弥补的。但是，如果思维混乱，那么，粗心的问题可能会一直延续下去从而导致逻辑思维系统难以形成。今天，我面对的这个孩子就是这种情况，我提醒她计算时要仔细，发现有了这种心理暗示之后，她的计算是正确的，但思维是混乱的。原因在于她做题的时候，没有一个正确的思维框架，比如她计算325除以35的时候，她还在用两位数除以两位数的方法除，没有意识到是三位数除以两位数而不是两位数除以两位数，直接把商写在了2的上面。当然，不只是这一题，这样的问题一连出现了好几次。我问她这道题她是怎么思考的，方法是什么。她支支吾吾了半天，说不出来。我大概判断她是经常做两位数除以两位数的数学计算题，在大脑里形成了思维定势，所以，当被除数发生了变化时，她没有观察到这种变化，因为此前的训练在大脑里已经留下了太深刻的印象。就像我们在生活中看惯了一个人经常穿职业装，如果哪一天他穿了休闲装我们也会认不出来，这就是大脑的思维定势。打破这种思维定势的方法之一就是要仔细观察，认真思考。我把三位数除以两位数的方法重新给她梳理了一次，并把观察方法也特意引导她学习了一下。她每做一题，我都会问这道题目的特点，让她判断属于哪种情况、该用哪种方法，然后才让她下笔去做。这样引导的效果很不错。我们不一定要大量地对孩子的大脑进行重复性训练，我们更应该关注孩子思维的逻辑是否清晰，在学习中养成的这种思考习惯对孩子们的未来也有着至关重要的作用。

　　现在比较棘手的一个问题是，由于之前的学习着眼于重复性训练而没有着重于思维的引导，导致孩子丧失思考能力，大脑形成了思维定势，要很快打破这种思维定势是比较困难的。我曾尝试出几道灵活的题目给她做，发现当几种不同的题目同时出现时，进行过思维重复训练的题目她做得都很好，但是，更严重的问题是，她把所有其他类型的题目也按照同样的方法做了，哪怕你一次又一次地提醒她，依然如此。

问题来了，我们该如何引导孩子走出思维定势的怪圈呢？首先，我们的家长可以在生活中多和孩子玩一些类型多样的游戏，尤其是需要思考的游戏，比如"藏宝游戏"，也可以让孩子看一些需要进行推理的书籍，当他们的大脑开始启动"思考键"的时候，他们的大脑兴奋性就开始活跃了，大脑的兴奋性越多，孩子们思考问题就越灵活。作为老师，在给孩子讲授知识的时候不要偏重于直接告知知识或者规律，而是要一点再点，就是引导、提问、质疑、总结，孩子们印象最深刻的是自己发现的和深度思考过的问题。另外，给孩子们布置作业时不要求量大和重复，而注重质量，题精而有效。很多孩子本来没有粗心的习惯，可是面对大量的、重复的练习时，会出现很早点把作业或者练习做完就行了的心态，慢慢失去了学习的兴趣和耐心，大脑的兴奋性慢慢暗下来，不再发亮，他们只是机械性地做练习，即使遇到新的情况，他们也似乎看不到，大脑还是按照原来的轨迹运行。当我们看到重复训练带来的成绩进步时，另外一个隐藏的更大的问题也伴随而来，而这个问题更难解决。所以，我们要善于看到问题的真相，给予孩子最科学的引导。

　　今天，我们的主人公是一个五年级的男孩。记得第一次和他聊天的时候，他语言表达能力很强、思路很清晰，我对他印象很深刻。在后来的学习中，我也慢慢发现了他的缺点所在。首先是记忆力的问题。这个孩子有轻微的读写障碍。

　　读写障碍，也称为读写困难，是一种最常见的特殊学习困难。根据国际读写障碍协会的定义，读写障碍是一种学习障碍。这是一种特殊的语言障碍，源于对文字解码能力不足，这种解码能力和年龄、其他认知能力及学业能力并无一定关系，也不是由一般发展的障碍所导致。读写障碍一般包括阅读和书写困难，影响文字阅读和理解、记忆、提取生字能力以及信息处理速度。读写困难的成因源于神经系统，是家族性学习或是处理语言的困难，因个体的不同在严重程度上也有差异，常见的情况是在重复及表达语言、阅读、写作、拼字、书写及数理上有困难。有这些问题并非由缺乏动机、感觉障碍、不适当教学技巧以及环境所直接造成的，这是一种神经心理功能异常。

　　当然，读写困难与个人的智能并没有必然关系，而是反映通往智能的途径出了问题。有读写困难并不代表这些孩子不能阅读或是智商不足，但由于大脑与小脑的信息传达出现障碍，会让这些孩子的学习过程变得艰巨。那么，怎样判断一个孩子是否有读写障碍呢？

读写障碍的主要特征有：

1. 智商正常，甚至在平均水平以上，但学习的表现却低于预期水平。

2. 觉得自己是"笨蛋"，低自尊或缺乏自信。

3. 容易产生挫折感或情绪化，常逃避阅读或测试。

4. 常常恍惚或发呆，容易迷路或对于时间流逝没有感觉。

5. 书写或阅读会出现加字、漏字、用别的字替代，重复阅读，书写颠倒或是笔画不对——不论是数字或是中英文文字。

6. 上下左右有时会混淆。

7. 没有时间概念或不易掌握时间，无法准时，不易学习顺序性的任务或知识。

8. 发音不正确，会念颠倒或说话不完整。

9. 记忆不佳，有时候理解能力比较弱。

以下是判断读写障碍的12条标准，供大家参考：

1. 阅读吃力、读错字。

2. 朗读不流畅，跳字、跳行。

3. 逃避书写，书写困难，字体不工整，容易写错字。

4. 抄写时间长，需要看一笔、写一笔。

5. 阅读后不理解内容。

6. 注意力集中时间短。

7. 听课效率低，多动。

8. 缺乏运动细胞，平衡感不好。

9. 握笔姿势不良，系鞋带和使用筷子动作笨拙。

10. 人际关系处理不好，内向害羞或者性格急躁。

11. 自信心低落，容易放弃。

12. 聪明，但是无法用于学习。

在阅读方面，让我们看看该如何辨别：

有读写障碍的孩子在进行阅读时容易跳字、漏行，或无法理解阅读内容，容易混淆相似字，喜欢看有图片的书籍，排斥文字很多的书，看不懂数学应用题，断句困难、阅读缓慢，用手指辅助阅读仍跳漏字。

除了阅读方面，从书写方面也可以进行判断：

孩子写的字大小不一，超出网格线或过小，字迹潦草，容易写错字，或是别人看不懂，写字缓慢，英文书写时两个单词间无间隔。

如果孩子被判定有读写障碍，其实也不是多严重的问题。换句话说，学习成绩差并不等同于有读写困难；有读写困难也不等同于学习成绩差。只要孩子得到及时和适当的辅导，尽管先天性有读写障碍，也是可以克服的。

那么，如何帮助有读写障碍的孩子呢？首先，要认识和体谅孩子。认识和体谅是帮助读写困难孩子的不二法门。我们需要了解他们的困难，肯定他们的学习潜能，并寻找到帮助他们的途径。在这个过程中，老师和家长的角色，就是协助他们寻找最佳的学习方法，取长补短，使他们的读写困难不致构成学习上的障碍。而这些孩子需要长期耐心的教导及重复的练习。老师和家长还可以通过生动的游戏、图像，帮助孩子了解字的结构，加强他们对文字的记忆与理解。

现在，让我们回归到我们的主人公。正是由于这个孩子有读写障碍，所以，我第一要做到的就是有耐心，其他孩子的听写可能过三遍就过关了，可是，这个男孩每一课的生字我都要过八遍。需要长期的坚持。后来证实重复练习也是有效果的，不论是书写还是对字的理解。除此之外，每天还保证近半个小时的阅读，阅读的时候需要指读，就是用手指指着读，本来这个指读的方法过了三年级就可以不用了，但是，对于有读写障碍的孩子来说还是需要这个方法的。同时，在指读的过程中把不会的字圈出来，还需要进一步学习与记忆，这是一个累积的过程。周末我还利用图片和投影引导他去学习他感兴趣的《孙子兵法》。他的专注力有了很大提升，他还希望自己将来能成为一个将军呢！

2022 年 11 月 9

星期三 | 天气：晴

　　今天我们的主人公是一个六年级的男孩，他长得斯斯文文，透着一点女孩子的秀气。前几天做作业的时候他很喜欢和前后的同学聊天，聊着聊着前面和后面的同学作业都做完了，唯独他成了最后完成作业的人。今天晚上，他走到我跟前说他不知道作文写什么，我听了他的话，脑袋里迅速转了一下，根据已有经验推断出他应该是没有记住老师对作文的要求。当我把这一点提出来的时候，他马上进行了否认。看着他坚定的眼神，我建议他打电话问同学或者让他妈妈问问老师，把作文要求弄清楚。电话打完后，他回到了座位上，过了5分钟，我看他一个字没有写，问起原因，他说他还是不知道作文写什么，我提醒他已经打电话问了怎么还没有问明白，他说了一些班级活动他不在场的理由。为了确认他是否清楚作文要求，我故意提示他可以写学校升旗仪式上同学的精神风貌。他马上说不是写这些，我就明白了他其实是不想写作文。

　　"既然你已经知道要写什么，那么你现在回到座位上去写吧！"我低着头批改其他同学的作文，他回到座位上后拿起笔貌似在写，我也就再没有关注他。可是，等我批改完其他同学的作业，发现他一个字都没有写，我看他今天是张飞吃秤砣——铁了心！我也就给予了比较严厉的批评，他红了脸，但看我的眼神里透着不服气与死扛到底

032

的决心。我轻声说："如果会写不想写，那么等所有同学做完作业回家了你就打扫卫生，打扫完了再思考怎么写吧。"说完我不再理他，他就这样看着其他同学陆陆续续写完作业、读了课外书回家了。这时，他似乎有点着急了，拿起笔开始写起来，眼神里充满了思考的智慧。我心里笑了笑，但是脸上仍然没有任何表情，我可不想让他看到我内心的想法。终于，他在40分钟内完成了作文，在这个过程中，我没有给出提示，都是他独立思考的结果，写得也还不错。

　　很多家长都遇到过类似的情况，就是孩子明明知道如何去写作业，就是不想写，还找了一大堆理由来搪塞。这是引起很多家长发怒的原因，不只在孩子身上，我们身边的成年人里也有一些这样的情况，更多的是体现在工作上。要解决这一问题，还是要从孩子的思维和认知开始，简单地讲就是从孩子遇到问题如何正确思考入手。因为孩子对生活的经验不足，他们总是喜欢按照自己现有的思维和认知、经验来思考问题、解决问题；当大人指出他们的想法或者态度是不对的时，他们很多是不愿意接受的，因为他们还没有体会到"不对"带来的结果。简而言之，就是没有经历整个过程。有的家长会强制性地要求孩子按照正确的方法去做，有的则会让孩子犯错，然后改错，还有的先和孩子沟通，沟通没有结果后要么要求孩子按照自己的做，要么撒手不管随孩子去。那么，到底哪种方法好呢？我看还是要具体问题具体对待。从孩子成长的角度来说，小问题允许孩子犯犯错，错了后家长再和孩子沟通和总结；但如果是大问题，我建议家长可以临时启用家长权威强制孩子执行，完了再和孩子复盘分析过程，解释当初强制的原因，这样，孩子在接受父母正确建议的同时也得到了成长。

思维是人类的高级认知活动。每个孩子能够计划自己的行动，并且根据计划产生期待与预测，对感觉信息和最终的结果不断进行核对，一旦结果一致时，他们会做出肯定的决策，并确认这一模式是正确的；但当两者不一致时，他们便会做出否定的决策，并进而调整自己的行为，直到两者获得正确的匹配。当这个男孩意识到他的想法和最终的结果不一致时，他马上调整了自己的行为，我为他感到高兴。接下来的几天，他做作业的速度有了飞速提升，甚至是第一个完成作业的，他自己也慢慢感受到了该如何去思考解决问题的重要性。

今天的天气有点阴沉，连续下了几天的雨，湿气比较重。早上送完老大去学校，我也去公园晨练了。回来趁大脑比较清晰，先完成写作的工作。

今天我要讲的主人公是一个六年级的男孩。他是一个令他的父母和学校的老师头疼的孩子。孩子本来是家长和老师一起配合去教育的，但这个男孩却是个例外，他的母亲给老师打电话，老师都不理。并不是这个老师不负责任或者没有耐心，而是这个男孩本身比较调皮，而且他妈妈拿他没有办法，把教育他的希望全部寄托在了老师身上，认为孩子所有问题都要去找老师，而当孩子在学校出了问题，老师找她沟通，希望配合老师一起教育时她就说没有办法。久而久之，老师也就不想和她沟通了。为什么我要讲这个例子呢？是因为在孩子教育成长的过程中，家长的教育观念很重要。

我们不能做一个不允许孩子犯错的家长，更不能成为一个让问题变得更糟糕的家长，而是要成为一个在孩子犯错误时能引导孩子拨云见日的家长。就以这个男孩来分析，前天晚上他写完作业回家，他的母亲要求他马上洗澡，他却希望玩一会儿乐高再去洗，对于这个问题，从时间上来分析，讨论先去洗澡还是先玩乐高意义不大，时间都是一样的。但是这位母亲强烈要求这个孩子先去洗澡，而这个孩子也固执己见要先玩乐高，结果这对生气的母子之间的"战争"就这样发生了，男孩的母亲发火砸了乐高，男孩发火砸了母亲的鱼缸。他的母亲打电话过来诉苦，她还是习惯性地认为孩子没有教好就是老师的错，学校老师已经不接她电话了，她就把电话打给了我先生。我的先生脾气比较温和，一直耐心地听，耐心地解释，直到我都听不下去了。她并没有告诉我们当晚发生的实情，而是谈论男孩的学习，比如男孩做完作业到学校不交给老师然后被投诉，还有什么考试不理想之类的。借助电话免提功能我给她大致讲了孩子在我这里的学习情况，至于学校不交作业之类的，这个确实和我们没有关系，但是我们可以和孩子沟通，提醒他。很明显，她把情绪宣泄在这通电话上了。我比较直接地回答了她的问题，她的语气顿时柔软了很多，也许她也意识到自己的不对吧。

　　昨天，我当面问了孩子才知道整件事情的来龙去脉以及他的母亲为何有那么严重的负面情绪。就这件事分析来看，很多时候孩子的不良表现是隐藏的，就像人性中的善与恶，不是显性的，而是隐性的，只是在不同的环境中被激发出来而已。晚上做作业的时候，我表扬了这个男孩写作业的速度比以前快了，他的眼里充满了感激，不会的马上过来问，我耐心地给他解释，他听得很认真。做完作业后他还非常主动地复习。面对这个孩子的多面性，我思考良久：我们面对孩子的时候如果能多一份耐心、多一份智慧，孩子就会像镜子一样反射出你给予他的教育。

　　更进一步讲，我们在面对孩子的时候，最好的状态就是产生共情。自然界的高等动物进化发展出思考和推理能力，其共情能力也得到发展。能够"读懂"孩子的情绪和想法，与孩子沟通的能力便会提高。这种解读他人没有表达出来的想法和感受的能力是共情中遗传属性的一部分，我们都需要共情。如果没有共情，我们就无法互相理解，也无法互相寻求支持、鼓励、温存和爱。如果没有理解对方想法和感受的能力，我们就读不懂他们的意愿。这样，所有的陌生人都会被当作敌人或者被无视，即使对孩子、朋友和家人也会漠不关心。这位男孩母亲遭遇的困境，很重要的一个原因是她没有共情的能力，对孩子、对老师都是如此。

　　早上五点半起床去送老大上学，然后去晨练，因前几天下过雨，空气比较湿润，山水一片朦胧，就像一幅水墨丹青，甚是美丽！

　　今天的主人公是一个一年级的女孩子。我对她的印象很深刻。因为她的眼睛会说话，准确来说，人的眼睛都会说话，只不过有的人经历了人生中太多的风雨与坎坷或者是成功，早就练就了任他风吹雨打，我自岿然不动的心态，眼神里透不出光来了。我比较喜欢小朋友的眼睛，非常澄澈，能照亮我们的心灵。

　　这个女孩的观察能力很强，个性很明显，就是我们通常说的比较机灵的小朋友。一年级的小朋友都有一种心态，那就是学习的时候等老师讲，他们认为老师没有讲的他们就不会。这个女孩也不例外，做完作业我指导她学习转码记忆，这是将数字、文字、图片与想象力相结合的一种记忆方法，我教了她20个转码，然后让她自己学习后面的20个转码，因为已经给她做了示范如何学习以及记忆转码，她没有再说："你没有教我，我不会。"令我惊奇的是，她的学习能力很强，记东西非常快，不知不觉中她还认识了40个生字。当我考查她的转码时，我注视着她的眼睛，多么美丽的眼睛啊！里面充满了思考、期待、自信，当我露出欣赏和赞许的眼神时，她的眼睛更亮了，她很做得更好一些，当她很不起来36的转码时，眼神里的着急、自责、焦虑顿时表现了出来，我随着她的眼神也进行变化，表现出疑惑的时候，她更加去否了，我微微一笑，她的眉头舒展开来，很快记起来36对应的转码。她顿时开心地笑了，我也笑了。她多么敏感呀，又是多么聪明啊，像个精灵。这样的孩子，她的想象力和创造力是非常强的，我很担心常规教育是否会让她丧失这种自带的灵性。

由这个女孩我想到了其他学生，每个孩子出生都带有自己特有的印记，这个印记就是他们自己独一无二的灵性，或者说是某些方面的天赋，遗憾的是我们的父母和老师没有足够的耐心和发现的眼睛去挖掘孩子们的灵性，没有发现、引导、提升他们的灵性，而是用了成人的眼光、规矩去约束他们，久而久之，这些灵性慢慢消失，所有孩子都用统一的方式来进行教育，用统一的方式进行约束，这也是教育中的真大遗憾。

天赋，最初是一种可能。孩子的成长之路，是看见孩子内在的光。天赋，并不必然立即带来特别的成就，也不尽然马上出现特殊的能力与才华。一开始，天赋所代表的只是一种可能性，一种日后可能发展出来某项特殊才能，并造就某种成就的潜能。让我们追忆一下我们的童年，怀想孩提时代，轻盈、简单、美好……那时候的我们用孩童的眼光看世界，惊奇、有趣……而在成长之中，我们丢失了单纯的美好，直至今日，我们静下来问自己：你是那个你想成为的人吗？对于孩子，希望我们用可能的眼光看他们，因为天赋，最初是一种可能。

2022 年
11 月 **14**

星期一 ｜ 天气：晴

　　今天我们的主人公是一个一年级的小男孩。他刚来的时候，不像其他小朋友已经认识一些字了，他连"人"字都不认识，更为令人担忧的是他的注意力非常不集中，坐在板凳上5分钟就要站起来，而且表现出强烈的不耐烦。我引导他用手指指着每个字读一下，他读的时候我看见他眼神不聚焦，一会儿看东，一会儿看西，只是象征性地跟着我读而已，至于读哪一个，估计他自己都不知道。这时，另一个小朋友让我给他听写生字，我就想试试看这个一年级的小朋友对刚才读过的字是否有印象。就在我给二年级的小朋友听写的时候，这个一年级的小朋友也跟着我读起来，惹得大家都笑起来了。果然，他是过眼不过心啊！看来，还是要先定定他的神才好。于是，我让他做作业之前先静坐5分钟，刚开始他很不习惯，总是问我时间到了没有，慢慢地，他就开始平静下来，书写、认字有了飞速的进步。而且，他还把他做了全对的口算拿给我看，我当着很多同学的面夸奖了他，他开心极了，每天都会给我看。语文的生字词他也进步了很多，自己能够流利地读课文了，当然，这其中也少不了我每天的跟进和鼓励。

　　昨天和一个朋友聊天，他最头疼的就是孩子做作业的问题。他的孩子做作业做到一半就去干别的了，一会儿上厕所、一会儿吃东西，当他严肃地告诉孩子不可以这样做的时候，孩子听都不听，甚至躲起来，和父母玩起了躲猫猫的游戏。他这当爸爸的有时候忍不住会打一下，小小惩戒孩子，但是，很多时候是无可奈何的。这个问题的解决关键是要让孩子从小养成良好习惯。我们很多时候会认为孩子难教，但其实是我们没有引导孩子走向正确的方向。就像写字，小朋友刚开始写字扭扭歪歪，有的父母认为慢慢写就写好了，但是我主张要引导孩子认识他写的字为什么会不好看，每个字的样子有什么特点，又是如何放进去田字格里看起来才美观的，这是意识领域的认知。当一个孩子大概知道独体结构的字、左右结构的字和上下结构的字等规律，他们大脑里会有轮廓，知道如何去写好字。同样，写作业也是，如果孩子清楚做作业要静心思考，需要专注，那么，久而久之，孩子们收获的不仅仅是做作业速度快和质量比较高，更重要的是他们收获了一种专注静心做好一件事的能力。

入读一年级的孩子，家长尤其要重视这一点，如果孩子在做作业的时候不专注，老是边玩边学，而父母没有及时纠正这一点，会让孩子误认为这种行为是可取的，久而久之，随着年龄的增长，孩子会强化和加固这种行为，父母此时想要纠正就需要花费更多的时间和精力了。

　　今天的天气非常晴朗，也带给了我一个好心情。但是，这种好心情也没有持续多久。原因是我这里的一名工作人员在工作上不断失误让我忍不住发了火。

　　看似这件事情与这本书里的有关孩子的教育没有多大关系，但事实上，大人是放大了的孩子。有的人得到过良好的教育，随着年龄和阅历的增长，也不断地成熟起来，但是，有的人虽然年龄上已经成人了，但是由于原生家庭、个人所受的教育、在生活中的历练和阅历比较有限，再加上个人不去接受新的知识和经验，思维处于停滞状态，用通俗的话来讲，也就是一个大小孩而已。而现实是，在工作中没有人会把你当作一个小学生或者初中生来看待和包容，我们对于工作人员的要求是能够胜任某一些工作，而且会有相应的考核，而那些没有随着年龄成长起来的大人，会经常犯一些类似于孩子所犯的错误，这让管理他们的领导很头疼。一旦发现这种状况，首先考虑的是是否该留一些时间和机会帮助他们成长起来，我想这是大部分老板会思考的问题。同样，我也是这样想的，于是，我对这名员工进行培训、能力提升、考核并给予其足够成长的时间，纵似我的做法是正确的，他的能力也确实得到了提升，但是，我发现了另外一个更为严重的问题，那就是潜意识里的习惯。就拿今天的事情来说，因我们这里需要重新更换广告，我让他测量广告位数据并发给广告公司。结果，广告公司的人联系我，对他提供的数据进行了质疑，我核实了一下，原来他把数据搞错了，看似只是一个很简单的问题，但我大脑里回忆了一下，这样简单的错误似乎经常在他身上发生，而他自己似乎也没有意识到要去纠正，反而每次面对我的指责还显得很不耐烦。这个问题也让我很纠结，说是小问题吧，没有必要总是提出来，但不当作问题吧，他经常反复地犯这些错，而且沟通也是失败的，因为在他的认知里，这些错误不值得一提。

这让我很想起了学生。有的孩子认为字写不好没有多么要紧，计算错了也不是什么大不了的事，错了改了就好了，下次错了再改，改了再犯错，犯错了再改，如此循环往复。昨天晚上一个四年级的孩子在写英语重点句子时，我让他先检查自己是否有错，对照课本仔细看，结果他拿过来给我看说他全是正确的，我看了看，提醒他有错误，让他自己再对照着课本订正。结果还没有过30秒他又过来了，说全部订正了，我看了看，还是有错误，让他再去订正，就这样，他有点不耐烦了，他喊道："我都写了四遍了！"我微笑着反问他："为什么写了四遍还是有错呢？你说说是什么原因？"听了我的话，他无言以对。

不论是小孩还是大人，都会犯一些不该犯但是经常重复犯的错误，这和年龄没有关系，而是和思维认知有关系，简而言之，就是和如何正确看待问题有关系。我相信对于这个孩子的教育，如果发现他会犯同样的错误，我没有及时指出来并引导他改正，在不久的将来，他也会像我这位员工一样经常犯错，只是每次犯的错误不一样，但似乎永无止境。在教育的道路上我们始终要记得：习惯成就性格，不严谨、随意的习惯会造成随意的性格，使人成为做事不靠谱的人。

　　早上刚起来的时候还是雾蒙蒙的，送完老大去学校，然后去晨练。这会儿阳光明媚，美好的一天！

　　跟起昨晚一个五年级的男孩，我感触良多，他就是我们今天要讲的主人公。这个小男孩家里有三个孩子，他是老大，也是最为顽劣的一个。一个月前他刚来的时候，作业没有一次是完整地抄完的，甚至会脸不红心不跳地撒谎说他已经抄完了。我清晰地记得他那晚和我的对话情景。那是一个周五的晚上。

　　"你的作业还有几项？"我边检查他的数学作业边问。

　　"哦，已经全部做完了！"他看了我一眼，随口回答。

　　"是吗？"我抬起头，盯着他看了一会儿，近二十年的和几千个孩子打交道的职业经验反馈给我信息：他在撒谎。

　　但是，我不会直接质问他，虽然我有一些把握，但是为了谨慎起见，也为了保护孩子的自尊心，我小心翼翼地提醒他："你再想一想，再检查一下，看看是否都完成了？"

　　"嗯，都完成了！"他习惯性地不假思索地回答。

　　"刚才你妈妈发信息过来，说学校老师提醒你还有未完成的任务。你知道吗？"他的眼神顿时开始慌了，连忙从书包里拿出一张试卷来，对我说："还有这张试卷没有完成。"

　　我微微笑了一笑，接着说："也就是说今晚的作业还有这张试卷没有完成，对吗？"他点点头，似乎忘了刚才所说的。

　　我也没有追究，提醒他尽量快点完成。当他完成了这张试卷时，他说做完了所有作业。我意味深长地看着他，说："你好好想想，是否还有未完成的作业？"这次，他看着我比较严肃的眼神，马上回到座位，又拿出一项英语作业。相信看到这里，很多家长会有点无奈，想发火。但是，无奈也好，发火也罢，终究是起不了任何作用的，平日里和我沟通的家长已经发过火，孩子呢？还是始终如一地"保持着自我"。

　　等他写完所有的作业，并改正完，时间已经不早了，其他的同学都已经回家了。他有点着急，因为是周五，我让他去打扫卫生，对他刚才的不诚实进行一点小小惩戒。当他扫完楼梯和教室时，他有点不好意思了。我也没有多说什么，提醒他可以回家了。

　　自那以后，每次做作业我都会提醒他是否完成所有作业，这是一个类似于警铃的心理暗示，过了一个月我就再不提醒了。昨晚他来到教室，就跟我说他已经完成了哪些作业，哪些还没有完成，完成作业的速度和质量得到了很大的提升。看到他把作业记在了心里，我内心也格外温暖。

　　在教育孩子的过程中，我们可以参考一句法语格言："理解一切，即宽恕一切。"这里的理解，不仅仅是对知识的理解，更是对孩子思想的理解，我们的教育是在与人的思想打交道，而不是与没有生命的物质打交道。激发学生的求知欲，提升其判断力，锻造其对复杂环境的掌控能力，使学生能够对特殊事例做出预见，对自己有进一步的深刻了解，让他们在大脑中唤起美好的品性，通过努力成为更好的自己，这些，才是我们教育的目的。

　　今天晨练的时候遇到了十几年前认识的一位家长，好久没有见了，索性一起散散步。跟她的女儿7岁的时候我做班主任，那个漂亮、懂事的孩子如今已经26岁了。我称呼女孩的妈妈为"大姐"，我刚来广东的时候她很照顾我。

　　我们聊着一些往事，回忆起她女儿小时候的点点滴滴。记得她女儿上小学时做班长，成绩不错，长得很可爱，是老师、家长眼中的好学生、乖乖女。她经常参加各种比赛，也获了很多奖，我印象最深的是一次全市的英语口语大赛。

　　下午就要举行比赛了，这天上午大姐带着女儿来找我，记得那是一个周日。大姐想让我给孩子把把关，看看哪里还有问题需要调整。起初我以为是小问题需要调整和完善，没有想到的是她连参加比赛的英文内容都不熟悉，磕磕巴巴，开场白也没有准备。我问她："为什么之前没有把内容背熟？开场白也没有准备好？"

　　她不以为然地说："我参加过很多比赛了。现在准备也来得及。"我本能地想批评她一下，但我克制住了，我想让她自己体验一下"认真做准备"的重要性。

　　按照她所说的，现在还来得及准备，我让她在我办公室去熟悉参赛内容。大概过了三个小时，她急得直跺脚，因为参赛内容比较难，她发现自己在短时间内不可能熟悉这些内容，眼看中午了，她还要去化妆、换衣服，还要往比赛现场赶。情急之下，我就引导她用半小时的时间把大致内容、开场白以及台上注意的礼仪练习了几遍。

比赛结束后，我们一起聊比赛情况，孩子说："老师，果然现场和你说的一样，我刚出场的时候，评委们眼前一亮，都直起身来，但是，因为我不熟悉后面的内容，有点磕巴，他们又靠在后面了，眼里也没有了光彩，我也只拿了参与奖。"我笑了笑，只是简单说了句："认真准备还是很重要吧？"她不好意思地低下头，说："是的，很重要。"

我问起大姐孩子现在的情况，她说女儿现在做了银行的经理，工作非常认真。我也为她高兴。

晚上，一个二年级的小男孩对我说："老师，今天我们考试了，这两天复习的好多都考到了！"

"那你会吗？"我微笑着问道。

"会呀！"他很有自信地回答。

在我心里，分数只是考查孩子掌握知识程度的一种方式，最终的目的是通过考试让孩子明白自己掌握了哪些知识，哪些没有掌握还需要去学习、去掌握。更为重要的是，让孩子懂得认真准备的重要性。

在生活中，有些事情不能顺利进行、人会变得烦躁的原因之一，就是单纯的"准备不足"。这可以说是人生中的一大课题，有的人遇到要做的事情无法达成或不能持久，或是半路遇到了困难等种种情况，原因就在于他们忽视了结果推演或危机管理。

听天由命，不做任何考虑就开始做事，结果总是抱怨："唉，没能成功！""就是不可能顺利的啊！"一旦不停地遇到这类挫折，挫折就会变成常态。

如果你有"这件事一定要顺利完成"的愿望，就要预先想到"事情可能会变成这样，为此应该……"，努力准备好万全的对策。如此一来，便不会轻易失败。

即便做了如此多的准备，还是会出现"怎么会变成这样"的情况，还是会有意想不到的问题等着你，这种时候就没有办法了，因为你已经尽力了。带着"人生就是永远都不知道下一刻会发生什么"的态度，便可渡过难关。

　　昨天我去一所学校上课，是给一个一到三年级的混班上"脑力课"。之前我们的课程是针对三年级及以上的孩子，而这个班有近四分之三是一年级的孩子。刚开始的时候我有点担心，因为一年级的孩子识字量不够，数学基础也没有成型，我打算边上边根据孩子的情况进行调整。刚开始的四节课还是有点吃力，我和孩子们都有点吃力。我在教他们记忆转码的时候还要教他们认字和数数。而孩子们既要协调左右脑，又要学习认字、数数，学习起来还是有压力的。四节课后，有一位家长说她的孩子坚持不下去了，感觉学习有点压力。我和家长沟通了之后，适当调整了一下节奏，根据孩子们各自的表现设计了课堂上的不同学习内容，这样，可以减少孩子们的心理压力。毕竟，兴趣是学习的原动力。

　　四节课后，我开始引导孩子们自主学习，引导他们按照之前四节课的学习方法学习后面的内容，我讲的速度也快了一些，孩子们学习的速度也快了很多，效果不错。原来一节课10个转码要用40分钟，现在只需要30分钟了。直至昨天，有的孩子在30分钟内可以记忆20个转码了，其中的10个转码还是他自己学习的，学习效果有了很大提升。

　　我之所以讲这个班的学习情况，就是想和大家探讨一个最让当今父母感到失败的问题：看着自家的孩子尽管有把事情做好的强烈意愿,但怎么也做不好日常生活中的普通事情,而别的孩子则刻意把三年级的家庭作业记下来,并记得把数学课本带回家,然后在睡觉之前完成作业。为什么你的女儿做不到?和她坐下来好好聊一聊,会很清楚地发现,她原本可以做好数学题,而老师也确认她的理解能力不错。许多上幼儿园的孩子可以和班上的同学围成一圈坐上10分钟,不至于出现情绪崩溃。为什么你的儿子从三四岁起就开始阅读,却不能在那种情况下静静地坐上10秒钟?也许别人家8岁的孩子能够整理他自己的房间,几乎不会有什么麻烦,但要你家12岁的孩子去做家务,每个星期你都得和他斗争一番才行。你朋友的孩子也许不会忘记把家长的回执带回学校,为什么你的孩子却会忘记?

你知道,你的孩子的大脑和心智发育都正常。然而,老师、朋友以及你的父母全都对你说,这个孩子没有发育到他应有的水平。你什么办法都想过了——恳求、咆哮、哄骗、收买、解释,甚至威胁或惩罚,为了让孩子开始认真做事,做好你希望他做的事,或者表现出他这个年纪应有的自我控制能力,但都无济于事。

这是因为你的孩子可能缺乏技能。你不可能让孩子去使用他并没有掌握的技能,这就好比当你刚开始走路还没有很稳当的时候,也就不可能跑得非常顺畅。你的孩子也许很想做他需要做的事情,也具备做好这些事情的潜力,但就是不知道该怎么做。研究儿童语言和大脑的科学家发现,大多数聪明却混乱的孩子都缺乏一些思维习惯,这些习惯被称为执行技能。这些基于大脑的根本技能,是执行下面这些任务时所必需的:整理物品、制定计划、着手做事、专注做事、控制冲动、掌控情绪、具备适应能力和灵活性等，而且做好这些事情几乎是每个孩子在学校、家里以及和朋友在一起时的基本要求。有些孩子缺乏某些执行技能，还有些孩子在这些技能的发展上落后于其他孩子。

那么，这个问题能不能解决呢？我们可以采用很多办法来帮助孩子。我们可以通过日常体验来培育他们的执行技能，使孩子走上正轨，把事情做好。

我们需要做的是：（1）计划和指导活动，包括使活动得以启动并看着它逐步开展。如果你只是单纯地希望孩子的技能发展能够自动出现大器晚成的飞跃，那么，这些转折点的到来，也许还要很长时间，而你在等待它们到来时，孩子的自尊心可能遭到伤害，而你仍然备感失败、忧心忡忡。因此，如果你的孩子不具备满足其他人的合理期望的执行技能，那么，现在就采取措施帮助他学会这些技能才是合理的。（2）调节行为，以便抑制冲动、做出优秀的决策。在你的措施不再奏效时改变策略，以及管理情绪和行为，以实现长远目标。如果把人的大脑视为一个组织输入和输出的良枢纽，你会发现，执行技能有助于实现我们的管理输出功能。也就是说，它们帮助我们获取从我们感觉器官、肌肉、神经末端等收集而来的所有数据，并且选择怎么响应这些数据。

昨晚两个孩子很早做完了作业，我和老二泡了个澡，老大准备了零食和水果，我们一起回看了世界杯葡萄牙对战乌拉圭的足球比赛。

老二问我："妈妈，我们应该支持哪个队？"

"都可以的，我个人看好葡萄牙队。"我微笑着回答。

"你为什么看好葡萄牙队？"老二继续问。

"因为我觉得葡萄牙队在C罗的带领下越来越团结，球技也不错！"

"妈妈，C罗是谁？"老二这是要打破砂锅问到底了。

我打开手机，给孩子们看了C罗的照片，也看了C罗踢球的精彩片段以及他的一些个人采访。孩子们看到C罗在球场上受伤了，那次比较严重，眉骨断了，鲜血直流，但是他让队医现场缝针，没有麻药却一声不吭，然后在一只眼睛几乎看不见的情况下坚持上场比赛还把球踢进去了，孩子们惊讶不已。当时，我没有多说什么，相信他们能感受到这种精神与力量。

我的大女儿14岁了，她和同学经常会交流偶像的情况。之前有段时间她还追青春偶像剧，虽说要尊重孩子的选择，但是我担心那些虚有其表的偶像也会影响孩子的观念和想法。于是，我就安排她在店里写作业，家里的电视只有周六晚上有空才看看，这样，没有了追剧的时间，自然而然也就不远了。亚里士多德说过："习惯造就了我们每个人。因此，优秀不是一种行为，而是一种习惯。"孩子们追星是她们对美好的一种向往和追求，问题的关键在于她们由于缺乏深度思考能力而让追星成了一种盲目的行为。

回顾11月，很多初中、高中生追捧的偶像——吴亦凡一审被判13年，从"顶流"沦落到阶下囚。吴亦凡案件，令人唏嘘，引发了大众的深思。很多网友评论："原来他是这样的人，早知道不选他做偶像了！""边缘意识"是心理治疗领域中的一个常见术语，它通常反映的是人的意识后期的事物和想法，是一种在一切事情结束之后，你才想到并且说得明白的后发思维机制。尽管大家对这些已经发生的事情加以假斤，但为时已晚，不过是马后炮罢了。

孔子说过："生而知之者，上也；学而知之者，次也；困而学之，又其次也。"如果我们的孩子不知道如何去思考"偶像"问题，那么，我们可以通过这个问题来引导孩子如何深度思考。举例来说，我们问孩子以下几个问题：

1. 你的偶像是谁？

2. 你欣赏他或她的哪些方面？美丽、帅气、有一技之长等。

3. 你是否希望自己将来也成为他或她那样的人？

4. 你知道了他或她的优点，你是否知道他或她的缺点？

5. 舆论对他或她的评价是否中肯？

6. 你是否知道你的优点和缺点？

7. 你对自己未来的期望是什么？

8. 你对偶像的看法是否受同学或他人的影响？

9. 如果你的偶像并不是你想的那样，你会如何反应？

10. 除了这个偶像，你还欣赏其他人吗？

……

深度思考能力是每个人最重要的能力之一，它可以帮助我们解决各类问题，并学会如何在新的环境中运用自己学到的知识。这种能力不会和其他能力产生冲突或互相削弱，而会完美融合，相辅相成。

我和孩子们一起观看世界杯比赛，是一种体验活动，这种体验背后隐藏着思维模式，孩子们在看足球赛的时候也在看不同的足球运动员，而那些不同的球员身上都有不同的闪光点，也有他们的缺点，不同的人在球场上有不同反应和情商体现，如何客观公正地看待，正是我要引导孩子们学习的地方。

时间过得真快，即将告别2022年，开启新的一年！

但是，最近一个四年级学霸的学业成绩却停滞不前，其父母十分着急。四年级下学期开始时，这个女孩的各科成绩均有不同程度的提升，老师和家长都很满意。可现在不知怎的，孩子依旧努力学习，没有丝毫的懈怠，却出现了课堂上讲过的知识点记不住、学过的内容不会做题的情况，父母和孩子为此都心急如焚。女孩的妈妈今晚来找我，想探讨一下该如何解决这一问题。

其实，这个女孩的现象在很多学生身上都出现过，刚开始一学期的学习时，能看出明显的进步，后来就出现付出了努力却收效不大的情况。学习成绩在原地踏步，或进步缓慢，或停滞不前，甚至出现一会儿退步、一会儿进步的情况。遇到这种状况时，家长切勿慌张，这可能是孩子出现了"高原现象"。

什么是学习中的"高原现象"呢？就是学习者在学习进程中，学习成绩达到一定程度时，继续提升的速度减慢，或发生停滞不前，甚至倒退的现象，在心理学上称为"高原现象"。要克服"高原现象"，应首先正确认识，并找到原因，以良好的学习心态克服此现象；其次，如果学习中有不扎实或有缺漏的情况，要抓紧时间弥补，不要使问题堆积；再次，要集中精力并掌握行之有效的方法。另外，适当地放松自己、转移注意力，可以听听音乐、看场电影、去打打球等，也有利于缓解心理紧张。

了解了学习中的"高原现象"，女孩的妈妈恍然大悟，我提出引导孩子调整心态，毕竟，一直当学霸在心理上压力不小。但这位妈妈又提出了另外一个问题，虽然她已经明白孩子在学习的过程中出现的"高原现象"，她也非常认同提醒孩子调整心态，可是，孩子的爸爸却是一位"虎爸"。他总是认为要从小培养孩子的抗压能力，要让孩子一直赢在起跑线上，让努力并保持考第一的思想贯穿孩子成长的始终。而女孩的妈妈则坚定地认为孩子的身心健康永远排在第一位。所以，当女孩成绩考得不错、名列前茅的时候，爸爸、妈妈的关系也比较融洽；但是，当女孩的成绩停滞不前或退后的时候，爸爸、妈妈截然不同的教育观点也成了导火索，点燃了家庭矛盾。

听到这里，我意识到这是比较典型的父母教育观点和方法不统一的例子。平日里我也遇到不少类似的情况。对于这个问题，很多教育专家都认为在家庭里父母对于孩子的教育观点和方法要统一，这样有利于孩子思想上的认识和行动上的执行。我记得教过学生一篇语文课文《"精彩极了"和"糟糕透了"》，这篇文章讲的是作者小时候写了一首诗，妈妈的评价是"精彩极了"，而恰恰相反，爸爸的评价却是"糟糕透了"，作者在这两种不同的爱的激励下，坚持不懈地努力，最终获得成功。

我个人的观点是爸爸对女孩的严格要求有利于孩子不断取得进步，而妈妈关注的身心健康则是孩子成长的基石，两者相辅相成，可以统一，这个统一的基础就是对孩子的爱。这一点，要让孩子感受到，她才能将这两种不同的爱化为力量。如果孩子没有感受到父母对她的爱，非要对教育观点"站队"，会使孩子陷入思维的混乱，毕竟对于小学阶段的孩子来说，她还达不到正反论证思考的水平。

　　这位聪明的妈妈，听了我的个人观点，笑了笑，我也微笑着点点头。

　　昨天开始降温，今天似乎更冷了，我还是坚持早起，去运动了一个小时，吃完早餐，回到办公室开始今天的工作。

　　不一会儿，办公室来了一位朋友，我准备了桑葚花茶，大家一起聊天。无意中，大家聊起了十年前我教他的孩子的经历。

　　十年前，我们举行过一场活动演出——《梦想的力量》，演出开始前我上台讲了自己的经历以及教育的梦想，当时台下有两百多人，其中就有这个男孩的爸爸。

　　第二天，这个男孩和他爸爸一起来找我，表明想让孩子在这里学习高中课程，目标是考取男孩梦想的大学——中山大学。听了他们的要求，我面露难色，因为这个孩子已经参加过一次高考，数学150分的总分他只拿到了十几分，就这一科，想在一年内提升至考取广东一流大学的水平，难度不小。紧接着，男孩的爸爸表明了身份，他原来也是一名老师，后来转行进了医疗器械领域。他已经帮孩子物色过很多家机构，在前一晚我们举行的活动中听到我的教育理念，于是选择了我们。我不好拒绝，只答应先学习一周，看看孩子和老师是否能互相适应。

　　通过一周的学习，我们发现这个孩子除了知识基础薄弱，其他方面还是不错的。他游泳非常厉害，常年的体育训练培养了他坚韧的毅力，我非常看重这一点。一周后，我们彼此非常适应，于是开始了一年的冲刺。

在这一年中，我们制定了详细的计划，包括起床和休息的时间，尽量把能利用的时间都利用起来。时光匆匆而过，一转眼到了高考的日子，考完后，大家都比较去玄，等待着考试结果。果真是"老天不负有心人"，所有的努力都没有白费，他顺利地进入了他心仪的中山大学。我们也非常欣慰。

这个男孩的经历鼓舞了很多周边的人，他们家的亲戚朋友和邻居都知道这件事，大家感慨这是梦想的力量驱动下获得的成果。

这让我想起有一位记者到贫困地区采访，他问一名放牛的孩子："你放牛的目的是什么？"

"赚钱。"

"赚了钱之后呢？"

"娶老婆。"

"娶老婆要做什么？"

"生小孩。"

"生了小孩要干什么？"

"放牛。"

记者听了之后就再也没有追问下去。

是什么让一个年幼的孩子心中没有梦想？首先，我们想到的是贫穷、环境的闭塞和教育的落后。反观我这个学生，他是幸运的，因为他打破了自我设限，他和他的爸爸都认为人有一切可能，并坚定地去追逐梦想，最终实现了自己的梦想。

不知不觉，和朋友聊了一个多小时，朋友离开之后，我开始记录今天的教育足迹。

**2022 年
12 月**

15

星期四　｜　天气：小雨

　　今天我的教育话题是关于孩子思考能力的培养。我给一个班的孩子布置了一篇介绍托尼·博赞先生的阅读文章，逐字逐句读过，并简单分析过后，我挑起了一些孩子问他们对托尼·博赞先生印象深刻的是哪些内容。对数字敏感的孩子记住了托尼·博赞先生写的书的数量以及销量，有的孩子对他的身份比较好奇，记住了他的三个"世界之最"……总之，没有一个孩子完整地将主要内容陈述出来，随后我讲了用思维导图的方法把内容进行分类，分别从他的出生、求学经历、身份、赛事创办人这几个方面进行知识内容的整理，我发现孩子们的眼睛亮了，他们能很流利地讲出托尼·博赞先生的一生了。紧接着，我又拿出20个词语，看看他们怎样进行记忆而记忆结果又如何。在他们记忆的过程中，我发现大部分孩子都是从第一个词开始死记硬背一直到最后一个。他们并没有发现我用不同颜色标注了不同的词语。

　　接下来我进行考核，只有一个孩子完整地记忆了20个词语，其他同学有的漏了，有的重复了。我提醒他们先仔细观察这些词语的不同：是否有规律？有没有更好的记忆方法？在我的提示下，有个孩子似乎想起来刚才学的思维导图记忆方法了，他们开始讨论如何进行分类，最终，他们都完整地记忆了20个词语，而且是在很轻松和愉快的

060

氛围下完成的。我继续追问：像这样的分类方法在生活中有吗？他们抓耳挠腮，调动大脑思考着，不一会儿，他们给我列举了很多生活中的分类，比如超市商品的摆放、图书馆里书籍的陈列等。孩子们争抢着回答问题，我很欣慰的是他们的眼睛亮了，这是智慧的眼神，是最迷人的。

我继续提问：在学习中如何运用分类的方法？孩子们回答了很多：单词的分类记忆、数学应用题的分类、计算的分类等。孩子们对这节课印象很深刻，我也很感动。

作为老师，如果能唤醒孩子的智慧，完成共同的智慧火花之旅、发现之旅、创造之旅，共同参与的人都乐在其中，而不是机械地、僵硬地咀嚼没有趣味的知识。

当下及未来人工智能不断发展，我们要培养孩子灵动的思考力、想象力和创造力，我们可以把每节课的知识点由点到面延伸至不同领域，从不同角度去思考。如果我们不能使课堂成为孩子思考的沃土，那么，孩子们思维的枷锁很长的时间内将难以打开。

　　这段时间忙别的事，好久没有写作了。今天早上和朋友通了一个电话，步入中年的我们都不约而同地谈起孩子的教育问题。她向我倾诉辅导孩子作业的苦恼。

　　她的孩子在读三年级，聪明可爱，唯一让她头疼的就是孩子写作业太拖拉，从下午放学后开始写，竟然能写到晚上十一点，甚至两点。我听后习惯性地眉头紧皱，心里暗暗觉得这是个不容小觑的问题。

　　可是，接下来我们的谈话似乎不尽如人意，因为我想和她沟通关于习惯的重要性，她却和我聊成绩的重要性。在小学阶段，我还是比较看重习惯的，我不太喜欢拖拉，因为在近二十年来我接触的孩子中，那些拖拉的孩子在学习上会比较吃力，不论写作业还是做别的事，他们都想拖一拖，拖到最后实在没有办法了就牺牲了休息的时间，再熬夜完成作业，或别的应该做的事情。时间久了，对作业、学习、应该做的事情提不起兴趣，有的还会产生抗拒心理，兴趣更是无从谈起。想想在我这里写作业的孩子，很多也是在家里拖拉，很晚才完成作业，不但不利于培养学习兴趣，还影响孩子们的正常休息。那么，问题来了，孩子写作业的习惯可以调整吗？答案是肯定的。在之前的日记中我多次提到这个问题。要解决这个问题，核心是家长和孩子对于做作业时间观念要有正确认识。有的家长尽管意识到孩子的拖拉习惯是不好的，但是，没有从行动上和孩子一起做出改变。有的家长虽然反映说做出了改变，但是没有跟进，没有让这个高效完成作业的习惯得到巩固，而是今天有空或者心情好了盯一会儿，没有时间或者心情不好的时候又放任自流。更有甚者，虽然有的妈妈天天盯着孩子，但她是人在心不在，孩子在旁边写作业，她拿着手机看视频，甚至还把视频的声音放得很大，反而干扰孩子的注意力，孩子也好奇妈妈看的是什么内容，他也想看看，久而久之，不但没有养成孩子高效学习的习惯，反而激发了他迫切看手机视频的兴趣。

所以，我们不可小觑影响力的作用。我每天都会做些能让自己开心的事情，周末我会拿起麦克风在家里唱歌，我的小女儿就在旁边听着，让我吃惊的是她竟然清楚地知道我的唱歌顺序，不但记住歌名，还会唱了，唱得还不错。看到我女儿也会唱我经常唱的歌，我先生不禁感慨："这就是耳濡目染的力量啊！"当我们的父母、爷爷奶奶每天在孩子们面前展示的是打游戏、做事拖拉、看视频打发无聊时光，还期望我们的孩子们会热爱读书、做事高效、养成好习惯，这种概率太低了！相反地，如果我们的妈妈们在陪伴孩子写作业的时候，能够放下手机，和孩子一起关注作业的内容，适当引导孩子仔细审题、仔细计算，并时不时地鼓励孩子，让他们规划做每一科目作业的时间，坚持一到三年，相信孩子会养成认真做作业的习惯，并且不会出现作业做到深夜的情况了。

当我把做作业习惯的重要性和方法讲给我的朋友听时，她也认可了，我提醒她一定要记得坚持，而且要学会自律，只有我们家长学会自律了，好的行为习惯才会影响到孩子，孩子的好习惯从小养成了，那么不论是写作业还是做事，不但不会拖拉，而且高效，同时还会有创造性。爸爸妈妈们，加油哦！

　　上次的日记中写了习惯的重要性，我只是从时间和效率两个方面进行讨论，今天，我想就习惯方面进行更深入的探讨，毕竟，在小学阶段，引导孩子养成各种好习惯是至关重要的。

　　对于教育的观点，不外乎两种说法：一种认为教育依赖于自然的禀赋，另一种认为教育是克服自然的倾向并用在外力的强制下所获得的习惯来代替它的过程。传统的教育把过去已经编好的教材通过老师将这些知识和技能传授给新的一代，学校所教的东西被认为实际上是固定不变的，老师往往把自己所教的东西视同已经完成的产品，既不关心它原来是怎样建立起来的，也不关心它将来必然会发生的种种变化，正是基于这种情况，使学生不能积极参与并推进教学内容的发展。虽说真正的教育是从经验中产生的，但并不意味着一切经验就真正具有或相同地起着教育作用。而习惯的基本特征是每一项做过的和经历过的经验会改变做出和经历这一经验的人，而这种改变，不管我们愿不愿意，会影响以后经验的性质。谁进入这些经验领域，谁就多少是个不同的人了。这样理解习惯，比起通常习惯的概念，把它作为或多或少以一成不变的方式行事，显然是更深入了。我所说的习惯也包括通常所指各种态度的养成，包括情感的和理智的态度，还包括我们在生活中怎样应对各种问题的方法。

说到这里，我想起了曾经辅导学生写作文的一件事情。记得那是让五年级的学生写一篇说明文，很多孩子选用了生活中常见的物体，有的学生写作的对象是冰箱、玩具、笔盒、闹钟，有的学生写作的对象是动物，如鲨鱼、乌龟、小狗，当然，也有很多学生选择了植物来写。有几个孩子共同选择了冰箱作为写作对象。当他们写完作文时，我提出了自己的建议，我和他们共同上网查找资料，查有关"冰箱发展的历史"。在查找资料时，他们发现了很多有趣的故事，孩子们知道原来在我们中国的周代，就有了用来贮存冰块的冰窖，由采冰者按规定的尺寸将冰块拉入冰窖，待来年夏天使用；后来皇宫还采用冷水循环的方法，用扇轮转摇，产生风力将冷气送入殿中，同时，还利用机械将冷水送至屋顶，任其沿屋檐直下，形成人造水帘，激起凉气，以达到消暑之目的。孩子们越来越兴奋，这些有关冰箱的历史激发了他们了解过去的兴趣，打开了他们大脑想象力的窗户。同时，他们也被科技的力量所震撼，了解了有关压缩机制冷装备，了解了压缩机的发展历史。更让我意外的是他们还开始畅想未来的冰箱的模样、功能与技术的发展……

接下来，他们重新写了这篇作文，孩子们写了冰箱的过去，也记载了现在冰箱的功能，更是畅想了未来的冰箱的发展。看着他们眼里的光，我深感欣慰。

在这里，我想说的是教育者不能用早已组织好的知识来灌输给孩子，我们应该让孩子在已有的教育经验中得到发展，我们应该认识到哪些周围事物有利于引导孩子们经验的生长，最重要的是，他们应当知道怎样利用现有的资源，从中汲取一切有利于他们形成有价值经验的东西。这时，我们孩子在获取经验的同时，养成了正确的思考方式、与周遭建立情感连接等一系列属于他们的习惯，而这些好习惯将伴随他们一生！

  说起信心，我今天要讲的是一个一年级的小朋友。他表面看起来文静，表述逻辑非常清晰。他虽然只有6岁，但他能对任何一个人问他的问题清楚地表达自己的观点，我们先不讨论他的回答是否正确，就这一点，已经比同龄人优秀很多了。但是他的母亲，却经常给我讲这个孩子有诸多问题，有学习方面的，有习惯方面的，也有态度方面的，我很疑惑，于是决定把情况调查清楚。

  首先解决的是学习上的问题。针对她妈妈提出的这个可爱的小男孩不会拼音的问题，我清晰地记得我曾经了解过他的拼音掌握情况，还是不错的。我首先考查了孩子的23个声母、24个韵母还有16个整体认读音节，他能准确无误地背诵、默写下来，哪怕打乱顺序也能认出来。然后我随意指出了30个拼音，里面包括两拼、三拼、特殊音节和整体认读音节，结果，这个孩子全部正确地拼读出来了。我叫他的母亲过来，让他的母亲随意考他，结果三篇课文里的拼音全部正确，我看了看孩子的母亲，她说："有一次他拼两拼音节，一个二声的拼音拼错了，我就认为他不会二声的拼音。"我看她似乎不相信她的儿子会拼这些拼音，她又不甘心地指了其他的拼音让孩子拼，结果都是对的。

  我笑了笑了，说："问题的关键不是孩子不会，是你不相信他会。"刚开始，她有点难以接受我的说法，但又找不出反驳我的理由，我继续说："一次偶然出错，如果你提醒他一下，也许他会马上改过来，可是你没有，就坚定地认为他就是不会，而且你不断地强调他不会，孩子本来会的也变成了不会。就像赵本山有个小品《卖拐》，本来腿是正常能行走的，在不断的心理暗示强调下，正常的也变成不正常的了。"

"可是，明明他读那个拼音的时候二声是读错了。"这位妈妈还在努力为自己争辩。

"是的，那么孩子是每次都错还是只读错了一次？"我微笑着继续问她。

"哦，好像也不是每次，只是一次或者两次。"这次，这位妈妈终于回归到真实的状态。

"那么，现在你认为他会还是不会呢？刚才我看到你即使在孩子全部拼读正确的情况下还是认为孩子不可能全部拼对，不敢相信他能做到全对，是吧？"

"是的，是这样的。"这位妈妈似乎认识到自己的问题了，她把儿子拥在怀里，不停地说："儿子，对不起，是妈妈没有看到你的优秀。"而孩子呢，高兴之余眼里也噙着泪花，他努力地不让眼泪掉下来。那一刻，我的心理触动也很大。

很多父母在内心对孩子要求极其高，这种高要求甚至超过了成年人的标准，让本来很出色的孩子承受了极大的心理压力，但是他们年龄又比较小，长此以往，会慢慢滋生厌学、自闭的心理，不想和外界沟通。我们的父母在教育孩子的过程中，一定要有共情能力，这种共情不是同情，而是设身处地地站在孩子的年龄、心理、思维、认知的水平，理解孩子的经历和做出回应的能力，抛开自己的偏见，对孩子感同身受。

有了共情，父母对孩子的爱才有意义。

　　昨晚和一位与大女儿同龄的孩子妈妈聊天，心情比较沉重。

　　孩子已经上高一了，但就在前不久孩子对他母亲说他需要看心理医生，他怀疑自己得了抑郁症，强烈要求他的母亲带他去医院。对于这样的情况，任何一个当母亲的都是震惊和难受的，于是，她带孩子去看了医生。

　　医生也确诊孩子患有抑郁症，并开了很多药。这位妈妈告诉我，她仔细查了那些药的用途和副作用，害怕会对孩子的神经系统产生不良影响，就打算用她自己的方法带孩子走出抑郁的泥潭。第一个问题是孩子学习压力大，学校上课节奏太快。孩子步入高一才不到两个月的时间，却连高二的课本都已经提前发了，孩子反映上课听不懂，不单是他，班里有一部分同学都有这样的情况，学习上的压力太大，他们私下都打听哪里的心理医生比较好。这位妈妈吓得不敢再给孩子任何压力了，告诉他能考多少分就多少分。

　　听完这些，我心里是很清楚的。因为从事一线教学近二十年，我接触的孩子有两个很明显的发展趋势：第一个是孩子们厌学的倾向越来越严重，第二个是孩子们心理出问题的比例越来越高，年龄越来越年轻化。这两个趋势也不断让我反思，我经常尝试避免让这两个趋势出现，但是最终发现，要想做到这一点，最关键的一环还是家长。

众所周知，孩子们的学习目前出现了剧场效应，比较"卷"。不管愿不愿意，似乎每个孩子、每个家庭都加入进来，以前和我沟通的家长多数家庭教育观念比较开放，他们以前都提倡孩子的身心健康，但是现在不知不觉也开始对孩子的学习感到焦虑。焦虑的根源还是怕自己的孩子和其他孩子相比会落后，这个落后不是思维认知的落后，不是身体的落后，不是心理健康的落后，而是学习的落后。这似乎成了很多家长的通病，不单如此，就连学校的老师也担心，担心自己所教的学生成绩落后于年级其他班的，而校长，也担心自己学校的学生成绩落后于其他学校，如此下来，每个人都有压力、心里都在担心，就是担心孩子会落后。我们对孩子的评估和判断已经失去理性，完全以学习为核心，有时候为了这个核心，家长们忘记了孩子需要健康的心理，孩子对学习的兴趣没有了，学习就成了一件痛苦的事情。

所以，要从根本上解决问题，我的建议是关注孩子的心理和思维，注重养成好的习惯，要用科学的方法来提升孩子的思维能力，在好的习惯和正确的思维这两者之间才有孩子健康成长的空间。

天气渐渐变冷了, 北方已经飘起了雪花, 南方的天气微凉, 正是一年中最舒服的季节。

今天听到的好消息就是有个五年级的孩子取得了全面的进步, 三科老师都给予了他充分的肯定。看得出, 这个孩子在欣喜的同时也对自己有了些许的信心。我也很感谢他的父母信任我们, 虽然在半途中看不到结果差点离开, 当时我和孩子的爸爸进行了沟通, 讲明白这个阶段的孩子在学习和习惯的养成方面正确的方法是什么, 建议不应该偏离。幸运的是, 这个男孩的爸爸和妈妈听取了我的建议并选择了相信我们, 让大家有了一个机会, 一个让孩子成长的机会, 一个让这个孩子相信自己的机会, 一个证明我的判断正确的机会。

很多时候, 父母总是担心自己的孩子在学习上落后于别人, 事实上, 孩子们并不是同步成长的, 不论是他们的智商或者是情商, 他们总有自己的成长节奏, 有的快一点, 有的慢一点, 他们对世界的感知是不同的, 我们如果用同一把学习的尺子来衡量他们, 是不公平的。

大家都知道, 我们对一个事物的认识不是一蹴而就的, 而是循序渐进的, 刚开始可能看到的只是一个形状, 接着了解特性, 逐渐加深了解属性, 从局部到全貌的认识, 由表及里。对待孩子, 我们也应该遵循这样的规律, 当孩子们还在雾里看花的时候，我们不要着急去吹散雾，不妨让他们自己感受一下，摸索摸索，看看他们是否能透过雾看清楚花。

昨天晚上一个家长和我发生了一点小的争执，才上了几节课他就希望看到孩子有很大的进步，我建议他问问孩子上课学了什么，看看孩子在课堂上学到的东西自己是否掌握，可是他非要听我的评价并直接看结果。也许站在家长的角度，很多人认为这是能理解的，可是，能被理解的就是正确的吗？我把课堂上如何引导孩子们去读懂一篇文章，写作文的时候如何安排架构等给他解释了一遍。之所以解释是因为我想让他明白"过程"是最重要的，因为在这个"过程"中我们还在解决孩子的习惯问题，比如不能正确使用标点、用词不当、主次不分等一些细节性的问题。引导孩子养成正确的学习习惯和方法是最重要的，在这个过程中我们可以看到哪些孩子善于知错就改，哪些孩子对所犯的错误屡教不改，还有哪些孩子的思维能力在提升，哪些孩子的思维还在绕圈圈、一片混乱。或许我对家长的要求也有点高了，和孩子们沟通的时候，他们经常向我反映家长对他们的学习干扰太多，给他们自己学习进步的空间太少，甚至有的父母对孩子的教材都不熟悉就给孩子大讲特讲，讲了几个小时，第二天到学校发现和老师讲的不一样，有些孩子在学习中思维陷入混乱，部分原因就是老师讲、家长也讲，两者方法不统一，孩子听得似懂非懂，到后来大脑中一片混乱，没有形成一个严密的逻辑思维系统。

我一直主张在学习的过程中要留给孩子一些空间，但有的时候我们的教育倾向于让家长满意，唯独没有思考过如何创造让孩子满意的教育，孩子才是学习的主体，可要求他们学习什么的却是大人，对这种在教育中本末倒置的情况我们应该好好思考一下。当我们的孩子对世界充满了好奇，想要深入了解和学习的时候，他们的潜能、他们的智商发育就会爆发，出乎我们的意料，他们就会取得惊人的成绩与成就。

　　近几天都是晴空万里，在这样美好的日子里却传来了令人惋惜的不幸的消息。

　　就在前两天，一所民办贵族学校里传来一个令人震惊的消息——一位风华正茂的男老师跳楼自杀了，这距离上次其他城市的另一个老师自杀不到两个月。听到这个悲痛的消息令人不无唏嘘，感慨之余更多的是惋惜和深思。

　　我们之前一直讨论的是关于孩子的教育，今天，我们要思考老师的状态。作为一线和孩子打交道的老师，他们的整个状态，包括身体的、心理的还有精神的状态，都直接或间接影响孩子们。这两位离我们远去的老师，他们都一致反映学校压力太大，身心疲惫，与教学无关的事情占据了他们很多时间。这是一个值得我们所有人深思的问题，我也感同身受。因为我以前也曾在学校教书，令我头疼的问题是当今科技已经有了很大的进步，但是我们学校的管理方式却是落后的。当时的学校要求没有三年经验的老师手写教案，我们设计教案的时候甚至要把准备在课堂上提问学生的问题都一字不落地写下来。那时我因为教案的问题苦恼不堪，明明可以利用电脑打字输入更高效，却要一个字一个字地去书写。每一篇课文都是如此，往往要写到深夜。更令我苦不堪言的是对话过程都要一个字一个字地记录下来。全班有50个学生，光是家访记录这一项就是很大的工作量，更不要说每天开的各种会议，迎接领导的检查、写各种各样的论文等等。

现在，随着科技的发展，很多机构都开发了各种软件，说是可以通过使用这些软件方便老师管理学生，做到透明高效的管理，实际上又增加了老师和家长的负担。作为家长，我也要经常做本该属于孩子的防诈骗软件作业以及防溺水、安全作业等等，家长做了，老师还要进行统计上报。随着"双减"政策的不断落实，教学的压力重新回到学校，落在了老师的身上，他们在教学方面压力已经很大了，还要做这些软件数据的统计，更为重要的是还要关注学生身心健康。

科技快速进步，带来的诸多问题也开始出现，很多孩子沉溺于电子产品，有些不出门运动，身体免疫力下降，一到体育课上进行强度比较大的运动就出现很多问题，甚至出现猝死的也屡见不鲜。而大人呢，忙于工作，缺乏和孩子的沟通，有些孩子的情绪没有得到及时的疏通，在和同学或老师、家长产生误解的时候就集中地爆发了，产生令人惋惜的冲动行为。这些都导致学校老师的压力逐渐上升，而家长们对老师的要求也是越来越高，当下很多人已经把教师这个职业划入高危的范畴了。

这两位老师的离去给我们敲响了警钟：让老师们轻装上阵，以孩子们的教育教学为主，不要侵占他们的教育教学时间，给老师们减负，减少那些没有必要的形式主义的工作，让老师们有一个比较轻松愉快的工作氛围。只有老师们的状态健康了，才有可能引导我们的孩子更好地成长和发展。

立冬以后，天气很晴朗，每天阳光明媚，就是有点冬季独有的干燥。

今天我想和大家探讨的是家长们辅导孩子作业时语言的力量。众所周知，语言是沟通的桥梁，同时，语言也是一门艺术。我们每个人每天都在使用语言这个工具，但实际上能将语言这门艺术运用好的人少之又少。更多时候，我们都只是利用语言来表达自己的想法和诉求，同时也希望这种想法和诉求得到回应和满足，基于这一点，我们的语言多了点强硬而少了点柔和，尤其是发生冲突的时候，语言甚至会变成一把利剑，成了伤害彼此的武器。

在辅导孩子写作业时，语言的艺术性显得尤为重要。爸爸妈妈们心中总是有一个聪明而懂事的孩子的模糊的样子，想象着通过自己耐心的讲解，孩子一定会打开智慧的大门，可结果往往事与愿违。不写作业不谈学习都是母慈子孝，一写作业一谈学习却是鸡飞狗跳，孩子被批评得哇哇直哭，大人被气得血压升高、心跳加快，甚至被孩子气哭的也有。其实，问题的核心还不是作业本身，要解决问题依赖于大人和孩子的沟通，而这种沟通主要依赖语言。现在，让我们来看一个案例，看看这位母亲是如何在辅导孩子的时候崩溃的，然后我们分析一下她存在的问题是什么。

晚上，孩子回到家，妈妈的第一句话就是："今天作业多不多？今天上课辛不辛苦？"

孩子把沉重的书包放下来说："作业挺多的，今天感觉好累。"

"那要快点吃饭，吃完饭马上写作业。"妈妈马上走进厨房去端饭菜出来。

孩子洗了手，无精打采地坐在餐桌旁，想看看动画片，但是怕妈妈不同意，纠结了一会儿，鼓起勇气对妈妈说："妈妈，我可以看会儿动画片吗"？

妈妈看了他一眼，心想孩子辛苦一天了，就让他看会儿休息一下吧。于是就同意了。

就这样，孩子边看电视边吃饭，因为想多看一会儿电视，所以吃饭就特别慢，这时，妈妈终于忍不住了，第一次大声地说："快点吃饭，现在关掉电视，你都吃了快一个小时了。"

"妈妈，我再看一会儿嘛，这集动画片马上结束了。"孩子央求他妈妈允许他再看一会儿。

妈妈想：那就等他看完这集动画片再关掉电视。终于，这集动画片结束了。妈妈平后地要求孩子关掉电视，孩子起身极不情愿地拿起遥控器关掉电视，然后慢吞吞地走到书桌旁坐下，开始发呆。他的大脑还沉浸在刚才的动画片中，他实在想看动画片，不想写作业。这时，妈妈洗完了碗从厨房中走出来，发现孩子还没有开始写作业，第二次大声地训斥："让你看了动画片，我的碗都洗完了，你还没有开始写作业，发什么呆？"被训斥的孩子这才缓过神来，牵拉着脑袋，打开书包，拿出作业登记本，开始写晚上第一项作业。

已经有些恼怒的妈妈用眼睛瞪着孩子，孩子看了她一眼，不想再对视第二次。他拿起笔开始做题，今晚的作业有试卷，他先做数学试卷，刚做了两道题，就听见妈妈的咆哮声："仔细看题目，题目都没有看清楚，做的都是错的！你有没有长眼睛啊？"

孩子也有些不耐烦了，顶了妈妈一句："哪里错了啊？"

只见妈妈实在无法克制了，用手掌使劲拍了一下桌子，大声吼道："你是不是要气死我？一共做了两道题，都是错的，还反问我哪里错了？我都给你说了你没有看清楚题目，要看题目！看题目！懂了吗？"

孩子也气呼呼地直接拿起橡皮擦使使劲擦，由于用力过度，一不小心把试卷擦了一道小裂口，这下妈妈更火了："吃饭慢吞吞，写作业不看题目，拿个橡皮擦擦试卷都能被你擦烂，你说你除了吃饭、睡觉、看电视，你还会什么呀？我怎么生了你呀？早知道你这个样子，不该生你出来让我生气！"

孩子的情绪也开始无法控制，大声喊："是啊！我又没有让你生我出来，对我这么凶，我才不要你做我的妈妈呢！"

这时，妈妈感觉很崩溃，她生气地进了自己的卧室，锁上了门，开始给爸爸打电话："孩子我教不了了，你来教吧……"

现在，我们重新审视一下这位母亲和孩子之间的对话。首先，孩子刚放学回到家，妈妈的话语已经出现负面情绪，她问孩子作业多不多，学习辛不辛苦，看似是一种关心的询问，实际上是一种消极暗示，暗示孩子学习辛吉。而孩子得到这种暗示后，学习的厌烦情绪、写作业的不情愿的心理已经开始滋生。如果妈妈的语言改变一下，换成这样："今天的天气真好！阳光明媚，妈妈很等你写完作业带你到楼下去玩一下，你说好吗？"孩子作业本来也多，但是他得到了一个积极的心理暗示——写完作业可以去玩一会儿，这时，他就会思考如何将作业快速完成，而不是拖级了。

　　吃饭的时候，妈妈本来可以利用这个时间和孩子进行语言上的沟通，可是，妈妈却选择了让孩子看动画片。孩子们喜欢看动画片呀！他们喜欢一集接着一集地持续看下去，如果中途被打断，哪怕是事先约定好的，很多孩子这时候面对自己想看动画片的欲望，还是缺乏一些自控能力，会选择违反自己的约定，因为他们对自己父母的性格和态度太了解了，要胁、撒娇是他们惯用的方法。于是，语言的约定再一次向孩子妥协，而妈妈错误地认为她同意了孩子的请求，孩子接下来表现会更好一些，实际上这只是她的一厢情愿而已。

　　那么，饭桌上应该如何和孩子沟通呢？妈妈可以讲一讲自己去菜市场挑选孩子喜欢吃的菜的过程，慢慢地，孩子会在这些语言中感受到妈妈对他的关心。当然，也可以问问孩子在学校发生的有趣的事情或者交到的新朋友，这样，妈妈对孩子也会多一些了解，孩子也会在妈妈的引导下习惯性地将自己看到的、听到的、感受到的和妈妈进行分享。这些语言的沟通，是基于做听和表述的前提，能和孩子建立起真正的连接，从而使气氛更加和谐，也为后面孩子积极写作业奠定一个良好的情绪基础。

当妈妈要去洗碗的时候，不是命令而是引导式地和孩子说："吃完了美味的晚饭，妈妈现在要将碗筷洗得干干净净，你要做什么呢？"看似询问，实际是引导，让孩子以更愿意、会思考的方式接受这种引导，孩子肯定会说："我要开始写作业了！"

所以，同样的生活学习场景，不同的语言产生的效果完全不同。同样的孩子，同样的妈妈，因为采用了不同的沟通语言，结果完全不同。亲爱的家长朋友们，你们学会了吗？

2023 年
11 月
25

星期六　　|　　天气：晴

　　此刻，外面依然阳光明媚，26℃的温度是一年中最舒服的了。我正在办公室批改昨天五年级孩子们写的作文，作文题目是《我想对你说》，看完了一篇又一篇，我的感触很深。

　　孩子们大多数是以自己的父母作为诉说对象，字里行间透出了不同的家庭、不同的教育在孩子内心的感受。有的孩子感觉到学习压力比较大，不希望母亲再给她施压，她在作文里是这样描述的：

　　"亲爱的妈妈，一直以来非常感谢你对我的照顾，可是，我有些心里话想对你说说。每次写作业的时候，我都很自觉，相比其他同学我写作业的速度已经快了很多。但是，你依然对我不满意，总是嫌我背书太慢。你要知道，我的智力水平也是一般的，不可能一下子背完一本书，我不是什么神童。当然，我也不敢和你顶嘴，每次你说我的时候我总是默默地听，并点头承诺今后努力改正。但是，我内心对你这种教育方式不是很认同，你总是认为自己是对的，很少倾听我说什么，即使听我讲几句，你也很快反驳我。我也希望你能理解我，站在我的角度考虑考虑，毕竟我还是一个孩子，你却用大人的行为标准要求我，我有点不适应。同时，当我在某些方面做得好的时候，我需要的是你真挚的赞赏。"

看完这篇文章，我陷入了沉思，脑海里不断闪现十几年来很多父母在和我沟通的时候对自己孩子的评价。印象最深刻的是一位父亲，他是名校毕业的，我们在沟通孩子教育的时候，他总是给我们讲他自己的成长过程中那些"辉煌"的历史，得过的奖、获得的荣誉等。在他眼里，他根本瞧不上他自己的孩子，在近两个小时的时间里，他一直在数落孩子。听完他的讲述，我反问他："你认为你孩子的优点是什么？"

"优点？他没有优点！"

听到这位父亲不假思索的回答，我有点遗憾。遗憾的是虽然这位父亲学历很高，但是他的见识却低得可怜，因为在他的眼里，只有自己是最优秀的，他看不到自己的缺点也看不到他人的优点，对孩子来说，父亲这种局限性的教导，对其成长是不利的。在教育孩子的时候，人人都好为人师，对孩子提出各种要求，制定各种规则，但是唯一没有想到的是自我反省。

有几个孩子曾向我反映，晚上做作业的时候，明明自己能独立完成，但家长也要教导一番，甚至有的家长还将知识点讲错了，孩子在和家长争论的时候往往只能屈从于家长的权威，哪怕孩子是对的。

这一切的根源，都来自于父母的自以为是，他们给孩子提出的不科学的、不合逻辑和事实的要求没有经过事先审视、论证，他们也没有仔细思考这种要求孩子是否能达到。更为重要的是，大人们缺少对孩子真挚的鼓励与赞赏。对孩子的缺点用了放大镜，对孩子的优点用了显微镜，殊不知在孩子幼小的心灵里他渴望得到父母的认可，这是孩子成长需要的营养与力量。一个能在适当的时候得到父母肯定和赞赏的孩子是幸福的，其成长之路是充满力量的，而一个经常遭受父母批评与否定的孩子则是悲哀的，也许反而会刺激他变得更坚强，但是爱和肯定的缺失会在某种程度上造成其人生没有安全感，他的一生都会很寻求他人的肯定。

所以，希望我们的父母在给孩子提出要求时不要忘了及时肯定孩子的付出，要给予肯定与真诚的赞赏。

北方已经下了两场雪了，南方的气温依然是二十几度。今天实在是太热，早上运动时穿长袖T恤也觉得热，下午索性穿了短袖长裙。

昨晚女儿给我打电话时，我正在和一位家长聊天，内容当然是关于孩子的。我在聊天的过程中得知，这位父亲早在大学时期就开始创业，实现了经济独立，后来换过三个行业，每次转换都踩在了风口上，早早实现了财富自由，也是多多的人生赢家。可是，唯一感到遗憾的是他儿子的学习成绩不太理想，可以说是班级排名倒数的，这让他心里难以接受。想想自己也算优秀，可儿子怎么就这么差呢？当然了，这位父亲也只是把"差"定位在孩子学习上，孩子的其他方面还是不错的。这个孩子比较有礼貌，虽然基础弱，但也有上进心，希望自己取得进步，由于孩子小的时候父亲忙于工作，只有妈妈照顾他，但是，妈妈也不能专业地辅导孩子学习，所以造成了孩子低年级的基础不牢。

我依据自己二十年的教育教学经验，认为这个问题是完全可以解决的，但是需要一点时间。各种事物都有着一个平均水平，孩子的世界里也充满了考量，比如某年龄段身高的平均水平、成绩考核的指标等，那些比较特殊一点、晚一点才能达到这些平均水平的孩子，就成了令老师头痛、令家长担心的"问题孩子"。其实，他们的问题主要是基础比较薄弱，速度慢一些，可是，由于大家都没有多少耐心，所以，总想在最短的时间内达到理想的效果。

我给这位父亲讲了知识的衔接性问题，虽然现在是小学高年级阶段，孩子懂得了解题方法，但是因为二年级的加减运算基础不扎实，三年级的乘除法运算也不过关，即使写对了解题的算式，算出来的结果也是错的。针对这些问题，我们要回到源头去解决，重新将加减乘除的运算规则和方法给孩子讲解一下，并进行有效的针对性练习，问题就能解决了。

所以说，结果的呈现一定会有原因在支撑，老师和家长经常看到不好的结果后第一反应是责备，在责备的过程中自己会进入一种感性的情绪中，讲的话也会有点偏失，甚至出现打击孩子自信的话语。这位家长也承认他前天看到孩子计算中出现错误时，觉得很震惊，然后放大了感性的情绪，批评了孩子。由此，焦虑油然而生，怀疑孩子的智商，怀疑孩子几年后是否能考上大学，思考是不是该让孩子去读国际学校。所有的这一切，都是由一个小问题引起的，被放大的问题让这位父亲难以入睡。

在和我沟通了一个多小时后，他感觉轻松多了，也认识到了自己的问题。当然，我能理解他作为父亲为儿之计深远。在他告别回去的时候，我再次提醒他，作为父亲，要做到两个"绝对"，一个是对孩子的爱的"绝对"，父母应该做的是助力孩子成为他自己，第二个"绝对"是在孩子成长过程中，要绝对相信：三百六十行，行行出状元！不能因孩子某一方面表现得比较弱就否定他的全部甚至是人生，要鼓励、助力、陪伴孩子一点一点进步！这两个"绝对"会在孩子的心里产生强大的力量，使他相信天生我材必有用！

　　今天，我遇到了一位很久没有见的朋友，她也是我以前学生的家长，彼此很谈得来，所以慢慢成了朋友。她的大女儿在我这里学习了六年之久，她们很满意在这里学习的结果。

　　可是，今天她却犯了愁，发起了牢骚，给我抱怨她的二女儿，尤其是每天晚上写作业的时候让她很头疼。我问了孩子具体的行为表现，初步判断了问题出在哪里。平日里和家长沟通的时候我都喜欢问问孩子具体的表现，而不是只听家长对孩子的总结。因为当孩子的行为和家长的要求相差甚远，甚至发生矛盾的时候，大人难免带着主观情绪对孩子的行为给予不理性和不客观评价，通常这些评价夸大了孩子问题，远远超出了孩子的真实情况。

　　听完她的描述后，我判断这位妈妈主观上很想培养出和姐姐一样优秀的妹妹，基于这种强烈的主观驱动，在教育妹妹的时候就更加严格，这种严格程度超出了孩子心理承受范围，结果适得其反，导致孩子和她直接对抗。

　　"蒋老师，你知道吗？每当我要求她快点做完作业再去读课外书，然后做一些练习的时候，她连作业也不想做了，甚至有时候直接让我揍她，如果挨打可以不写作业，她宁愿挨打也不写作业。你说说，这样的孩子还怎么教？气得我当时头晕，胸口也感到闷，上不来气，孩子爸爸看到后也着急了，让我去休息，他来教二女儿写作业。"

听完朋友的话，我拉了拉她的手，微微点了点头，对她的遭遇感到难过。因为平日里两个孩子都是这位妈妈亲自带，从孩子们的吃喝拉撒到学业辅导。幸亏那时候把大女儿送到我这里来写作业，减轻了一些她的负担，但是自从大女儿升入初中住校后，她自己想亲自辅导二女儿的作业和学习，结果就出现了她描述的情形。

"那么，孩子爸爸辅导二女儿写作业的时候，有没有再发生争执？"我接着问她。

"刚开始听见二女儿在哭，可能是因为我揍了她还要她写作业，她不服气吧。但是后来再也没有听到什么声音了，很安静，再后来他爸爸进卧室告诉我二女儿的作业完成了，提醒我耐心一点。"

但我的朋友并不认同她先生的观点，认为老是对孩子和和气气的，大人就没有了威严，以后说什么孩子都不会听了。"但是，就昨晚来说，显然是爸爸的方法比较有效果，不是吗？"我微笑着问她。她一时语塞。

紧接着，我给她讲了个故事：一个小男孩，收到爷爷给他的一份生日礼物，那是一只可爱的小乌龟。兴奋之余，他很想和乌龟一起玩耍，但乌龟初到陌生的环境，一下子就把头脚缩进了壳里。小男孩便用棍子捅它，想把它赶出来，却一直没有效果。

爷爷看到他的举动，就说："不要用这种方法，我教你一个更好的办法。"他和小男孩把乌龟带进屋内，放在暖和的壁炉旁，几分钟后乌龟觉得热了，便伸出了头和脚，主动向小男孩爬去。

"有时候人也像乌龟一样。"爷爷说,"不要用强硬的手段逼迫人,只要以善意、亲切、诚挚和热情的方式,使他觉得温暖,他就一定会去做你想要他做的事。"

　　讲完这个故事,我继续说:"其实,我们的教育也有传承性的,父母给予孩子什么样的沟通方式、什么样的教育方式,他会或多或少地带着我们的痕迹来教育他的下一代,所以,我们还是要给予孩子善意、亲切、诚挚和热情,这样,她们的内心才会有力量,我们也才会达到教育的目的。"

　　听完我的话,朋友终于明白她先生说话的用意了,她拥抱了我,我拍了拍她,我们相视一笑,彼此都懂了。

今天还是像前两天一样，比较冷。我已经戴了羊绒帽子，穿了毛衣和厚厚的外套，甚至穿上了长靴，顿时感觉到暖和多了。

昨天是周末，带孩子们去看了一部很喜欢的电影《旺卡》，描述的是一个有关梦想的故事，充满了曲折、哀伤，但洋溢着甜蜜的味道。这部电影是我第二次观看了，依然意犹未尽。看完之后，我一直在思考关于照亮孩子梦想的问题。

所有的孩子都有梦想，但是，现实中却存在着一个不争的事实：许多的老师和家长都不知道孩子的梦想是什么！一个老师不了解一个学生，就无法很好地教授给他知识；一个家长不了解自己的孩子，不知道孩子的想法，就不知道如何去引导他。所以，大多数的课堂教学内容都没有深入到问题的根本，因为老师没有发现孩子们的兴趣点，课堂内容也没有将相关内容和学生兴趣紧密结合起来，没有激发学生的参与意识，老师只是在课堂上展现自己对教学的热忱，这样，并不利于教学的成功。因此，很多孩子虽然在课堂上听了老师讲课，但是，掌握知识的结果并不理想。尤其是晚上回家后，在完成作业时才发现对课堂上的知识并没有完全掌握，出现了很多的错误，而家长对于课本教材不是很熟悉，对孩子也不了解，只能重复一次类似老师课堂上的做法，有的孩子听懂了，可以将做错了的题目改正过来，但是，仍然有一部分孩子由于兴趣和学习热情方面存在问题而还是没有听懂，父母此时也失去了耐心，导致和孩子发生各种各样的矛盾和冲突。父母的关注点是孩子的学习，却忽视了一个很重要的问题，就是孩子的梦想，梦想是兴趣的源泉。

就像电影《旺卡》里的主人公，他从小在妈妈的影响下，喜欢吃巧克力，梦想着去著名的美食长廊开一间自己的巧克力店，可是后来，妈妈因为生病而永远离开了他。但他一直没有放弃自己的梦想，一直在研究如何制作出世界上最美味的巧克力，他研制的巧克力不仅是味觉上的享受，更是将人们不同的情感和制作巧克力的原材料相结合的成品。在实现梦想的过程中，他遭遇了欺骗、巧克力黑帮的暗算和失败，也体验了绝望，但是依然坚持着他自己的梦想，最终和垄断了巧克力行业的黑帮斗智斗勇并胜出，如愿开了巧克力工厂。电影中没有任何说教，却处处是教育，有关梦想、有关人生面临的挫折，吃过的亏，走过的弯路，一一呈现。因为有了梦想，让这些曲折的路也有了甜蜜的味道。

回过头来，反观我们教育孩子的现状，我们给孩子们设置了我们希望他们未来呈现的样子和要求，但是很少和孩子们就他们自己的梦想进行沟通，并鼓励他们坚持自己的梦想。我们有时候太过功利，总是希望孩子站在金字塔的顶尖，成为人生赢家，殊不知他们不是木偶，他们也有自己的梦想，也许很普通，成为一名老师、一名蛋糕师傅，或者是开一个兽医诊所之类的，但是，如果这些梦根在他们的心里深深地扎了根，父母也经常鼓励他们，孩子们的精神世界就会有所依托，相信他们在未来会梦想成真，他们的人生就会有热情，哪怕将来在实现梦想过程中也会遭遇失败、欺骗等等，但是他们不会轻易放弃，会乐观面对，也许这些，才是我们教育的意义所在。

2023 年
12 月
19

星期二 | 天气：阴

今天晚上在辅导一个孩子做家庭作业的时候，因为他容易出错，我让他先拿铅笔做，检查完之后再拿圆珠笔复写，这样可以保持书面的美观和整洁。

他用铅笔完成后自己检查之后拿给我看，有些题虽然是正确的，但是列竖式的空间规划和字体的大小不太协调，数字挤在一起看不清，下面却空了很多位置。我一一指出这些细小的问题，让他用橡皮擦干净重新写工整，调整字体大小，合理规划空间。他调整了两次，自言自语地说："果然好看多了！"

我一直主张在教育孩子的过程中对于习惯的养成教育，把潜在的问题抹杀在萌芽中。很多孩子总是嫌我在习惯上对他们要求太高，并指出他们的老师觉得只要做对题目，字迹潦草一些或者字体的大小都不是什么问题。每当这时候，我也是轻轻一笑，说："每个老师的要求整体差不多，但也有区别。我为什么会要求这些呢？我是这样思考的，学生完成练习的过程就像大人做工作，有时候是一样的。有的人会注意细节，把每个细节做好，这样由细节完成的整体会以一个最好的状态呈现。相反，如果每一个细节都不尽如人意，组成的整体也是不理想的。就像我们去餐厅吃饭，有的餐厅很注意细节，餐厅厨房的卫生情况、厨师的厨艺水平、食材的选取、用餐环境的布置以及服务和价格等等，每一个环节都会带给食客很棒的用餐体验。相反，如果只考虑把米煮熟、把菜炒好而全然不顾其他的问题，你仔细思考一下，你会选择哪家餐厅就餐？"

有一次，有个孩子听了我的讲述，不好意思地笑了笑，说他愿意去第一家餐厅，我接着说："其实，学习的过程也是一样的。"从那以后，这个孩子写作业由我要求他变成了他对自己提要求，甚至比我提出的要求还高。

所以，在平日里，不论是学校的老师还是家长，指导孩子做作业的时候，要把孩子的坏习惯在萌芽阶段掐掉，我们要在小问题出现时及时加以解决，以免酿成更大的麻烦。没有一个人愿意看到一个小问题变成一个大麻烦。当你发现孩子的一些小问题或是成绩稍有变化时，要注意想办法去解决问题，而不是等到孩子的很多问题已经很严重了才想办法去解决。

优秀的老师或家长应该知道如何判断有哪些潜在的问题，并在问题刚有苗头的时候掐掉它，这样，在好的苗圃里，才会栽出最美丽的植物！

今天晚上接二女儿回家时，她垂头丧气，时不时还叹口气。我看了看她问："今天发生了什么事呀？"

她低着头，开始抱怨今晚的作业好多，整整三张试卷，还有一页课本上的习题。"这么多作业，我肯定完成不了！"看她的表情，似乎对于完成这些作业没有信心，甚至有了不打算完成的心理。我说："我带你去西点甜品买一块蛋糕，那里出新品了，好多客户反映味道不错哦！"

小家伙听了我的话，顿时来了精神，忙追着我问："妈妈，他们出了什么新品啊？是什么口味的呀？"

我故作神秘地说："保密，你去了就知道了。"

之后，小家伙走路的速度也加快了，挑选了一款草莓味的新品蛋糕后，我们回到了我的办公室。在品尝了蛋糕后，她开始品评起蛋糕来，看着她津津乐道的样子，我提醒她该写作业了。没有想到，她很愉快地拿出试卷开始做起来。不一会儿，完成一张试卷后，她提议先跳两百下绳再做第二张，我仍然同意了，跳完绳后，她又拿起笔开始做第二张试卷了。

过了一段时间，第二张试卷也完成了，她说："妈妈，我今天吃的蛋糕好像让我变得特别聪明，你看，第二张试卷也做完了！"听了她的话，我哈哈大笑起来。

在第三张试卷做到一半的时候，她有点疲惫了，情绪也开始低落起来，又开始抱怨："作业怎么那么多呀？"我拿了张凳子坐在她旁边，看了她做的试卷，说："这样吧，你完成第五题后我先检查，你喝杯玫瑰花茶，我改完了你再做，好吗？"听了我讲的，她顿时眉开眼笑，说："好的。"

很快，她完成了第三张试卷的第五题，去喝我已经给她泡好的玫瑰花茶了，我改完时，她也喝完了，过来继续做第六题，不一会儿，她完成了第六题，我提议让她去帮我浇门口的花，她拿起花洒，去浇花了。就这样，一题、两题、三题、四题、五题……第三张试卷的题目在不知不觉中完成了，她睁大了眼睛说："太不可思议了！我竟然完成了三张试卷了，现在只剩一页课本上的题目了！"我也趁机竖起大拇指，连连大声夸赞道："是啊！真了不起啊！在这么短的时间里竟然完成了三张试卷，你可真是个大聪明啊！"

听了我的夸赞，她更开心了，表示能很快完成书上的那一页练习，而且不用一题一题分开做了，她可以一口气完成。

看了她的反应，我心里不禁暗喜这招"吊吊孩子的胃口"还真是好用啊！那么，到底什么是"吊吊孩子的胃口"呢？让我来给各位家长解释一下吧！

当孩子面对一项任务时，如果每次完成一小部分，那么孩子最终能完成的可能要比预想的多。不论什么任务，如果我们每次都只处理任务的一小部分，那这项任务的总体可行性看起来就会变得很高了。假如你要给孩子准备一个生日派对，当你把目光都集中在将要准备的各项繁杂事务时，你会深感压力、不知所措。当这种感受出现时，你可能到最后什么都做不了。但是，如果你换个角度想想，你有三天的时间准备这个生日派对，而且你每天只需准备一小部分，你就会发现这个任务不仅很容易执行，而且还会在这个过程中自得其乐。最后，你会变得信心满满且把这个活动准备得很好！

　　就在我思考的期间，孩子已经完成了所有的作业，她还冲我扮鬼脸，我也冲她扮了个鬼脸，随后我们收拾好东西高高兴兴地回家了。

2023 年
12 月

24

星期日　|　　天气：晴

　　今晚是西方的平安夜，比起以前，过节的人少了许多。大家也慢慢淡出了过西方节日的氛围，更多地开始关注我们的传统节日了。尤其是今年12月18日甘肃发生了6.2级地震，是比较严重的。国家领导人也赶到了第一线指导工作，全国人民捐钱捐物出力，一起援助甘肃，即使在寒冷的冬天，也能感受到丝丝温暖。

　　临近期末考试了，孩子们的作业也慢慢多了起来，尤其是试卷，几乎每天都有布置。今天有个孩子在做试卷的时候，空了很多题目，说他不会做。我看了看，笑了笑，说："这个题目难不倒你吧？仔细想一想。"

　　他挠了挠后脑勺，不可置信地望着我，一脸疑惑。我看着他不吭声，就站在离他半米远的地方，意在提醒他，但不给他心理压力。过了几分钟，他突然"噢"了一声，脸上表现出恍然大悟的神情，眼睛似乎透出了智慧的眼神。他马上拿起笔开始写起来，等他写完了，我看了看，他做对了。

　　紧接着，我提醒他再思考另外一道空着的题目，这次，他似乎有了更大的信心。他认真地读起题目来，眼睛也灵动地转着，不一会儿，他把这道空着的题也完成了。还有两道题目他实在不会，我就指导他完成了。

　　因为有了这样的体验，他做其他作业的时候速度也快了，

098

质量也不错，脸上充满了自信。这个孩子很有代表性。现在很多孩子缺乏的是探索的精神和劲头，关于学习，他们更多的是被动听课、被动做作业和考试，形成的思维定势是"老师教过的我不一定会，但是老师没有教的我一定不会"，所以面对一些灵活的考题时，孩子们的思维会处于停滞状态，行动上也会畏首畏尾，对难题望而却步。

当孩子面对困难而退缩时，我们不要单纯地去责骂孩子，我们要做的是赢得孩子的合作，从而引导孩子主动去解决问题。当孩子觉得你理解他的处境时，他就会受到鼓励，一旦他觉得被理解了，就会更愿意听取你的意见，并努力找出解决问题的方法。家长们可以按照以下四个步骤来引导孩子。

1. 表达出对孩子窘况的理解，一定要向孩子表达此时你是理解他的。

2. 表达你对孩子的信任和鼓励，而不是责骂。孩子觉得你认可他了，他才会有解决问题的信心。

3. 告诉孩子你的建议。如果你真诚而友善地进行了前面两个步骤的引导，孩子此时就会愿意听并且接受你的意见了。

4. 让孩子关注于解决问题。此时的孩子会比之前更加有信心，并且能专注地去解决问题。

友善、关心和尊重是上述四个步骤的根本。你决定要赢得孩子的合作，这决定本身就足以给孩子带来积极的感觉。经过前两个步骤之后，你已经赢得了孩子的合作。等到你进入第三步时，孩子已经能听得进你的话了，第四步也就肯定会有效果。

这学期的课程已经接近尾声了, 辛苦了一学期的学生和老师在进行最后的期末冲刺。作为学生, 想考一个好成绩; 作为老师, 希望学生考一个好成绩, 希望大家付出的努力没有白费。

昨天口才老师请假, 我替她去上课。我本来就早早准备了一学期的口才课, 因为有其他老师来执教这门课, 我就作为后备队员, 今天, 终于上场了。

这节课是这学期的最后一节课, 我根据孩子们平日里上课的内容进行了一个简要的总结。孩子们上课很认真, 也很活跃。后来我看到其中一个孩子趴在桌子上, 他把书包也背在了自己背上, 我走过去提醒他放下书包, 并坐直起来。孩子调整好后我们继续上课。

我和孩子们进行了发声前的准备, 包括唇的训练、舌的训练和口腔训练, 第二个环节就是气息的训练和共鸣腔训练, 接着就让一个女同学进行了仪态规范的展示, 而孩子们最喜欢的就是一口气绕口令了。后面还进行了演讲比赛鉴赏与训练, 临近下课的时候让孩子们来了一场游戏互动。

这个游戏互动环节就是一组同学比画, 其他组同学猜。孩子们表演的天赋瞬间得到了发挥, 他们是那么的活泼可爱, 我也被这样的课堂气氛所感染, 并深深地感动。

这才是孩子们真实的天性，他们有自己的思考，有自己的表达。突然，有位同学说有人吐了，我连忙走过去，原来是那位之前背着书包趴着的同学，我问他："现在感觉怎么样？有没有特别不舒服？"他摇了摇头，这些孩子们很可爱，都过来关心这位同学，没有表现出嫌弃的行为。我安排一个同学陪这个孩子去洗手间漱口，这样他会舒服一点，我随即把他吐的脏东西进行了清理。这时，我看了时间，离下课的时间只有5分钟了，我让孩子们整理好自己的东西，分批走出去，等家长来接。

看见那个孩子没有再表现出不舒服的状态，我也就放心了。

谁知晚上这位孩子的妈妈就在家长群里质问我："有座位为什么让孩子站一节课？我家的孩子因为一直站着都站吐了！"

看了她的话我马上意识到她可能有所误会，幸亏我拍了一点孩子们上课复习的视频，视频里正好能清晰地看到她的孩子坐在座位上。我给她解释了上课的情况后，把视频发在群里让她自己看看，以免引起误会。结果看完视频后，她还提出说凳子是坏的，孩子坐不了，我再三解释当时我是关注了的，凳子是可以坐的。后来经过我耐心解释，她也没有再说什么。

这是一件小事，可是我还是想讨论讨论。这个事件很有代表性：家长面对孩子讲述的事是否能做到客观？很多父母基于对孩子的爱和呵护，往往会出现偏听偏信的情况，尽管他们会去核实，但还是会站在孩子一边。在我近二十年的教育生涯中，我也遇到过类似的情况，孩子和孩子之间发生矛盾，轻则言语冲突，重则大打出手，大部分父母都选择了站在自己孩子一边，甚至即使自己的孩子是犯错的一方，家长也会违心地偏袒。且不说这种偏袒会影响孩子，甚至有时候是纵容孩子犯错，致使一些孩子经常发生这样的情况，我想，父母们还是需要注意这一点，虽然爱护孩子是本性，但是对于一些会产生矛盾的事情，还是建议父母多考证了解真实情况再进行处理会比较好。

我在想，假如昨日我没有拍视频，我该如何给这位家长解释？我解释了，她会相信我吗？我们的沟通该如何进行？

后 记

写这本书的目的，就是想把我在一线陪孩子完成作业或教育的过程中发现的问题进行分析，并提出解决之道，希望爸爸妈妈们在陪伴孩子完成作业的时候多一些科学的方法，减少与孩子的冲突。更为重要的是，我内心真切地期望父母们能抽空多陪伴孩子，在孩子们成长的过程中多一些美好的回忆。

其实，回过头想想，孩子们很快长大，陪伴孩子写作业，也是一种幸福。